学びのエクササイズ

レトリック

森雄一 著

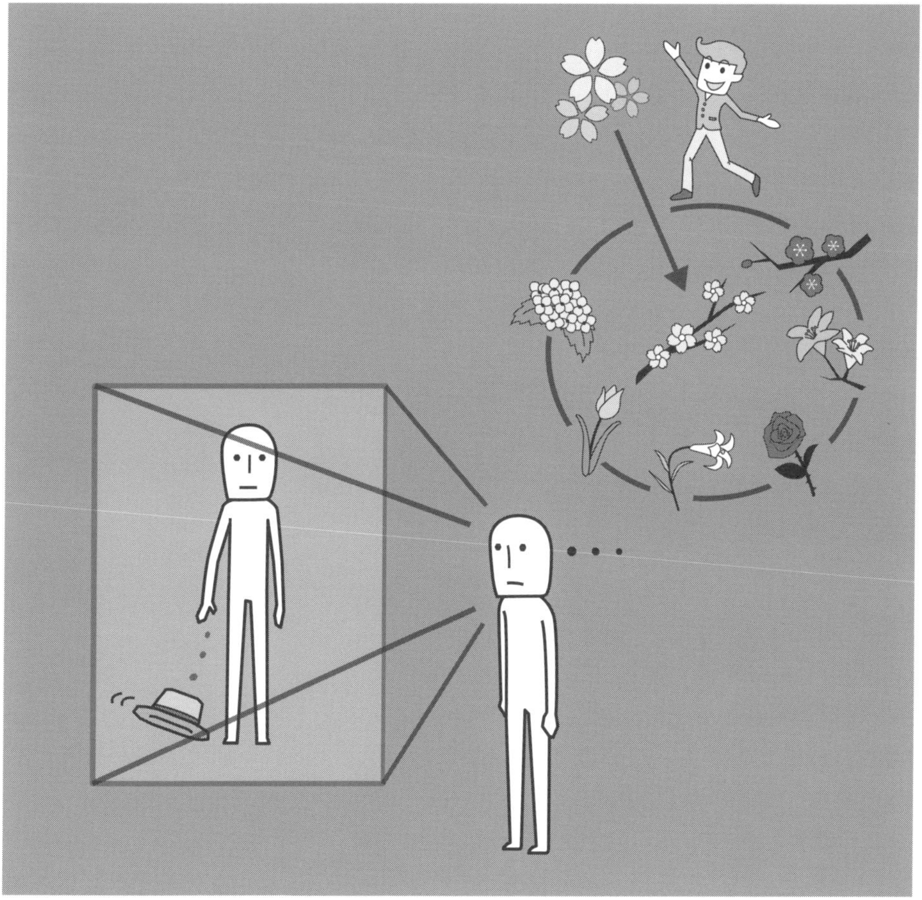

はじめに

　われわれの言語活動のなかで、レトリックはどのような位置を占めているであろうか。

　「それは単なるレトリックにすぎない」などという言い回しをよく耳にするので、実質を伴わない空虚な言辞といった印象があるのかもしれない。そこまでいかなくても、せいぜい、日常の言葉を少しかっこよく言い換えるための言語技巧という理解が普通なのだろう。

　もちろん、レトリックの側にもそう捉えられてしまう責任がある。相手を煙にまく詭弁、華々しく装われた美文、こういったものもレトリックの見せる顔である。

　その一方で、それなしではわれわれの言語活動が成り立たないもの、日常の言葉遣いのなかにあまねく浸みわたっているもの、といった側面もレトリックにはある。

　本書では、レトリックの見せるいろいろな面をあちらこちら渡りあるきながらご案内したい。また、「学びのエクササイズ」のシリーズの一冊である以上、言葉の練習帳としての役割もしっかり果たすつもりである。

　本書の構成は以下の通り。

　第1章から第3章では、レトリックのなかのレトリックといってよい「喩え」という言語技術について理解を深めたい。「喩え」が言語活動のなかでどのように用いられているか、日常の言語、文芸作品、ことわざの三つの領域でじっくりと見ていく。

　第4章と第5章では、現代言語学のなかで、比喩がどのように分析されているか、少しばかり理論的な話も交えて説明したい。メタファー(隠喩)や

シミリー(直喩)という類似性をもとにした「喩え」に関するものだけでなく、メトニミー(換喩)、シネクドキー(提喩)と言った「喩え」とは言えないタイプの比喩にも目を向ける。

　第6章から第10章では、比喩以外のさまざまな修辞技巧をガイドする。トートロジー、オクシモロン、緩叙法、誇張法、列叙法、黙説、ためらい、省略、暗示的看過法、冗語法、剰語的反復、代換、ぼかし表現、アイロニー、パロディ、パスティシュ……。定番の素材をオーソドックスに紹介したものもあれば、著者なりに思い切った味付けをしたものもある。それぞれ味わい深いレトリックであるので、親しみを持っていただきたい。

　レトリックは、言葉を飾る技術(修辞学)と相手を説得する技術(弁論術)という二つの側面を持つ言語技術として古代ギリシャの昔から発達してきた。第11章では、レトリックの弁論術的側面を扱う。「詭弁」というあまり印象のよくない言葉がキーワードであるが、食わず嫌いせずに取り組んでいただければと思う。

　第12章から第14章では、オノマトペ、言葉遊び、ネーミングという周辺的・応用的なトピックをとりあげた。いずれもなじみのある題材であるが、レトリックという観点から新しい光が当てられていればと思う。

　以上の14章、本書を教室で利用されることを考え、タスクをそれぞれ付した。基本的には、Aは短時間で終わる作業や確認用のタスク、Bは少し時間をとる作業やディスカッション用のタスクである。第2章・第7章・第10章・第12章・第14章にはCとして、レポート・宿題用のタスクを用意した。A・B・Cいずれのタスクも教室の実情にあわせて使っていただければ幸いである。

　なお、本書の草稿について、多門靖容氏(愛知学院大学)・笠貫葉子氏(日本大学)・古屋麻衣氏(柏木学園高等学校)に目を通していただき、貴重なコメントを多数いただいた。また、ひつじ書房の松本功氏・海老澤絵莉氏からは、本書の執筆にあたり懇切な助言をいただいた。この場を借りて御礼申し上げる。

目次

はじめに　　　　　　　　　　　　　　　　　　　　　　　　iii

第1章　言葉は喩えで満ちている―喩えることの効能(1)―　　1
　　1.1　東京ドーム何個分　　　　　　　　　　　　　　　　1
　　1.2　喩えという技術　　　　　　　　　　　　　　　　　2
　　1.3　言葉は喩えで満ちている　　　　　　　　　　　　　4
　　1.4　王様と女王　　　　　　　　　　　　　　　　　　　5

第2章　ぬるきミルクのような幸せ―喩えることの効能(2)―　7
　　2.1　博士の愛した喩え　　　　　　　　　　　　　　　　7
　　2.2　ぬるきミルクのような幸せ　　　　　　　　　　　　9
　　2.3　ヒルのようなくちびる、ナメクジのような肌　　　　10

第3章　船頭多くして船山に登る―喩えとことわざ―　　　　13
　　3.1　喩えとことわざ　　　　　　　　　　　　　　　　　13
　　3.2　類をなすことわざ　　　　　　　　　　　　　　　　15
　　3.3　動物を用いたことわざ　　　　　　　　　　　　　　17
　　3.4　喩えを用いないことわざ　　　　　　　　　　　　　18

第4章　シミリー・メタファー・シネクドキー
　　　　―比喩についてのちょっと理論的な話(1)―　　　　　21
　　4.1　シミリー(直喩)とメタファー(隠喩)　　　　　　　　21
　　4.2　概念メタファー　　　　　　　　　　　　　　　　　22
　　4.3　シネクドキー(提喩)　　　　　　　　　　　　　　　24

第5章　メトニミーとは何か
　　　　—比喩についてのちょっと理論的な話(2)—　　　27

　　5.1　メトニミー(換喩)とは何か　　　27
　　5.2　時間とメトニミー　　　29
　　5.3　メトニミーと修辞性　　　30

第6章　かんぴょう巻でも寿司は寿司
　　　　—さまざまなレトリック(1)—　　　33

　　6.1　トートロジー(自同表現)　　　33
　　6.2　オクシモロン(対義結合)　　　34
　　6.3　緩叙法　　　35
　　6.4　誇張法　　　36
　　6.5　列叙法　　　37

第7章　僕は僕の手から帽子を落とす
　　　　—さまざまなレトリック(2)—　　　41

　　7.1　語り得ぬものを語る　　　41
　　7.2　省略という言語技法　　　42
　　7.3　おしゃべりなレトリック　　　43
　　7.4　一人称代名詞とレトリック　　　44

第8章　昭和な街角—悪文・誤用とレトリック—　　　49

　　8.1　悪文の特性　　　49
　　8.2　不整合構文　　　50
　　8.3　昭和な街角　　　51
　　8.4　若さが緊張でぎくしゃくしていた　　　53

第9章　間接的な言語表現とアイロニー　　　55

　　9.1　間接的な言語表現　　　55
　　9.2　ぼかし言葉　　　56
　　9.3　アイロニー　　　57
　　9.4　アイロニーと皮肉の違い　　　59

第 10 章　ナガシマ語とケンポーＶ―模擬と引喩― 　　61
　10.1　ナガシマ語とケンポーＶ 　　61
　10.2　引喩と本歌取り 　　64

第 11 章　詭弁を見抜く　詭弁を操る―弁論術とレトリック― 　　67
　11.1　レトリックの二つの側面 　　67
　11.2　アリストテレス『弁論術』 　　68
　11.3　詭弁を見抜く　詭弁を操る 　　70
　11.4　『虞美人草』の詭弁 　　71

第 12 章　クラムボンはかぷかぷわらったよ―オノマトペの世界― 　　75
　12.1　オノマトペ 　　75
　12.2　オノマトペの形と意味 　　76
　12.3　クラムボンはかぷかぷわらったよ 　　78

第 13 章　へたなしゃれはやめなしゃれ―言葉遊びとレトリック― 　　81
　13.1　へたなしゃれはやめなしゃれ 　　81
　13.2　ことばあそびうた 　　82
　13.3　折句 　　84
　13.4　アナグラムと尻取り 　　85
　13.5　文字遊び 　　86

第 14 章　コシヒカリと夢の華―ネーミングとレトリック― 　　89
　14.1　表示性と表現性 　　89
　14.2　ネーミングとメタファー 　　91
　14.3　ネーミングとオノマトペ・言葉遊び 　　92

レトリック感覚を身につけるための 10 冊　　95
参考文献　　101
索引　　105

第1章　言葉は喩えで満ちている
―喩えることの効能(1)―

1.1　東京ドーム何個分

　あまりにも大きすぎたり、量が多すぎたりしてピンとこないような場合、イメージしやすいもの、なじみのあるものを引き合いに出して表現することがよくある。たとえば、次のようなタイプの表現を目にしたことがあるのではないだろうか。

（1）a.　この国立公園の面積は東京ドーム50個分です。
　　　b.　子どもたちが集めたドングリを積み重ねていくと富士山の高さの3倍に匹敵します。

　(1a)は作例、(1b)は報道資料から取ったものである[1]。東京ドームの面積（46755㎡、一辺が216mの正方形の大きさに近い）や富士山の高さ（3776m）のようなイメージしやすいものを使って、ある国立公園の広大さや「子どもたちの集めたドングリ」が多量にのぼることをイメージしやすくしているのである。類例としては次のようなものがあげられる。

（2）　昔は将棋の序盤の定跡を全部本に書こうと思ったら、霞ヶ関ビル何個

分にもあたる分量の紙が必要だと言われていました。

羽生善治ほか『先を読む頭脳』

　この場合、「霞ヶ関ビル」自体は知らなくても、高層ビル何個分も一杯にしてしまうような紙の分量というのがとても多いということは理解できるであろう。言語表現のなかには、このようになじみのあるものを引き合いに出して理解度を高める工夫がされていることがよくある。次節でもそのような例を見てみよう。

1.2　喩えという技術

　人の話を聞いていたり、文章を読んだりするときに、うまい説明だなと感じるときはないだろうか。そのような場合、喩えが巧妙に使われていることがよくある。例えば、筆者は登山界についてほとんど何も知らないが、次の説明を読んで、文中で紹介されている登山家がどのような力量の持ち主なのか、とても明快に理解することができた。

（3）　それは、もしクライミングをスポーツだとするなら、そのジャンルで最高のレベルに到達した稀有な日本人アスリートが現れたということを意味していた。ボクシングで言えば、フライ級ではなくヘビー級でタイトルマッチが戦えるボクサーということであり、陸上競技であればオリンピックの百メートルのファイナリストになれるスプリンターが現れたということである。

沢木耕太郎『凍』

　上の例も、多くの人にとってなじみのない領域を、なじみのある領域に置き換えたらどのように表現できるか、というテクニックが使われている。結婚式で新郎の上司が、新郎を紹介するのに「うちの課をジャイアンツとすれば、彼は○○ですよ」などと言うことがよくあるが、これはその素朴な例で

あろう。この場合、〇〇なる選手がジャイアンツで果たしている立場・役割によって新郎がいかに職場で重要な人物であるかを招待客にアピールできるのである。このように喩えは、人にものを説明するときにきわめて有効に機能する。

　ここで一つ練習問題。1970年代にタイムスリップしたとして、当時の人々にインターネットとはどのようなものかを説明してみよう。ひとりひとりが小さなコンピュータを持ち、それが無線有線さまざまな形でつながっている……という基本的なことはともかくとして、どのような役に立っているかは、郵便や電話やテレビといった当時の人に身近な事物を使って説明することになるのではないだろうか。このような素朴なものだけではなく、自分が詳しく知っていて相手があまり知らないものを説明するのに、相手にとって身近なものを引き合いに出して説明するのは、常に意識しておいてほしい言語技術である。この節の終わりにもう一つとても精妙な例をあげてみよう。

（4）　この本があつかっているのはどれも相当深遠な問題である。それが五万年前なみのアタマでもわかる。わかるだけでなく、おもしろい。なぜか。思うにそれこそ著者の文章の力である。――この人の文章は北斗七星だなあ、と小生は思った。北斗七星は柄杓（ひしゃく）を描くのに線を用いない。点だけで示す。それがちゃんと柄杓に見える。見る者の頭に線が引かれるのである。いやみごとなものです。
　　　　　　　　　　　　高島俊男『本が好き、悪口言うのはもっと好き』

　「相当深遠な問題」を面白くうまく理解させる文章力を喩えるのに「北斗七星」が用いられている。その意外性が種明かしされるとともに、読者の頭のなかに、喩えられているのがどのような文章なのか明確に印象づけられている。以上に見たように、喩えはわれわれが、わかりにくいものを手元の言葉で明確に理解するために用いられる言語技術なのである。

1.3　言葉は喩えで満ちている

　前節で見たように、喩えは物事を理解させるために重要な言語技術である。(3)(4)のようにレトリカルなものでなくても日常の言葉のなかにそれはあふれている。われわれにとって最も身近な存在である身体の言葉を使ってさまざまな事物を表現していることなどもその例といってよい。

（5）　頭―釘の頭、話の頭から繰り返す
　　　　顔―チームの顔
　　　　目―台風の目、網の目、碁盤の目
　　　　耳―パンの耳
　　　　腕―大臣の右腕
　　　　足―テーブルの足

　「頭」は人間の上部にあるもので、他の物の上部にもあてはめたのが「釘の頭」であり、一番先(最初)にあるものを一番上にあるものと見立てたのが「話の頭から繰り返す」といった表現に表れる「頭」である。「顔」は人間のなかで一番目立つ部位であるから、そこから「チームの顔」といった表現が成り立つし、目の形状に見立てた「台風の目」「網の目」「碁盤の目」といった表現もある。人間の顔の両端についている特性を食パンに置き換えたら、ふちのこんがり焼けた部分は、「パンの耳」という面白い表現となる。多くの人にとって頼りになる利き腕を部下のなかで最も頼りになる人物にあてはめたら誰々の「右腕」といった表現になる。人間を支える足の特性は「テーブルの足」といった表現に反映されている。いかに喩えが日常的な言葉のなかでありふれたものになっているか理解されるだろう。
　ついで、色彩語の例をあげてみよう。よく知られているように日本語の色彩語は、色彩を表すことを固有の機能とする色彩固有語と、染料の色をはじめとして何かの物の色をもとにして転化したものがある。赤・青・黒・白は

色彩固有語、紫・藍などは染料からの転化名である。意外なことに緑は「若芽」という意味からの転化である。「若芽」を引き合いに出すことで、今日、緑で指示される色領域を表したことがその発端である。その他にも、ある色を表すのに具体的な事物をあげ、その事物のような色という言い方が定着しているものがある。「ねずみ色」「空色」「オレンジ色」「抹茶色」「若葉色」「クリーム色」など枚挙にいとまがない。このようなものも喩えの効能が現れた例といってよいであろう。

1.4　王様と女王

　この章の最後に、少し応用的な事例をあげてみよう。「王様」「女王」といった表現は人物の喩えに使われることがあるが、さらに興味深いのは人物以外のものについて人間の領域でいえば「王様」「女王」になるという意識で使われた例であろう。以下は著者が採集した例である[2]。

（6）a.　繊維の王様（ウール）
　　　b.　繊維の女王（絹）

（7）a.　きのこの王様（マツタケ）
　　　b.　きのこの女王（キヌガサタケ）

　「王様」は、そのカテゴリーのなかで「最もすぐれたもの」であると考えられた場合に使われる。ウールはその繊維としての万能性が、マツタケはきのこのなかで最も美味であるという観点が、それぞれ「王様」を使用される根拠となっている。女王は、「美しさ・優美さ」の点でそのカテゴリーのなかで一番である場合に使われる。絹

は、繊維のなかでも最も優美なものであるゆえに「女王」が冠され、「きのこの女王」と喩えられるのは、白いレースのスカートをはいたような優美な姿をした「キヌガサタケ」というきのこであり、その優美さが「女王」と言われる所以(ゆえん)である。

　他にどのような事物が「王様」「女王」によって喩えられているか考えてみると、いろいろと面白いことが出てくると思う。是非、考えてみてほしい。

注
1　http://www.epcc.pref.osaka.jp/press/h15/1112/main.html
　　おおさかの環境ホームページ・報道発表資料より記述を改変した。
2　このような例については、森雄一(2010)「「AはBの王様」形式について」『成蹊國文』43に詳しい。

【タスク】
A．お札一枚の厚さを0.1mmと考え、次の表現の空欄を埋めてみよう。
・5兆円と言えば、一万円札を積み重ねた場合、富士山の高さの約（　　　）倍である。

B．「花」「星」「太陽」「宝石」がどのような人・事物の喩えに用いられるか、また、どのような点が似ているために、そのような喩えが成立するのか考えてみよう。

第2章　ぬるきミルクのような幸せ
―喩えることの効能(2)―

2.1　博士の愛した喩え

　前章では、物事を説明したり、理解するために喩えがどのように使われているのかを見ていった。喩えは文学作品のなかにも頻繁に現れる。小川洋子の小説『博士の愛した数式』からその例を見ていこう。80分間しか記憶がもたない数学者の「博士」と家政婦の「私」、その息子「ルート」との心の通い合いを描いたこの小説は次のような出だしで始まる。

（1）　彼のことを、私と息子は博士と呼んだ。そして博士は息子を、ルートと呼んだ。息子の頭のてっぺんが、ルート記号のように平らだったからである。

　数学を何よりも愛する「博士」のものの捉え方が、名づけにも反映していることがわかる。また、「博士」は難解な数学を個性的な喩えを使って説明していく。

（2）a.「直感は大事だ。カワセミが一瞬光る背びれに反応して、川面へ急降下するように、直感で数字をつかむんだ」

b.「必ず答えがあると保証された問題を解くのは、そこに見えている頂上へ向かって、ガイド付きの登山道をハイキングするようなものだよ。数学の真理は、道なき道の果てに、誰にも知られずそっと潜んでいる。しかもその場所は頂上とは限らない。切り立った崖の谷間かもしれないし、谷底かもしれない」

　　c.「(数論は)数学の女王と呼ばれる分野だね」「女王のように美しく、気高く、悪魔のように残酷でもある」

　　d.「素数のなかで偶数は2、一個だけだ。素数番号①の一番打者、リードオフマンは、たった一人で無限にある素数の先頭にたち、皆を引っ張っているわけだ」

　　e.「ああ行けども行けども素数の姿は見えてこない。見渡すかぎり砂の海なんだ。太陽は容赦なく照りつけ、喉はカラカラ、目はかすんで朦朧としている。あ、素数だ、と思って駆け寄ってみると、ただの蜃気楼。手をのばしても、つかめるのは熱風だけだ。それでもあきらめずに一歩一歩進んでゆく。地平線の向こうに、澄んだ水をたたえた、素数という名のオアシスが見えてくるまであきらめずにね」

　ここでは捉えにくい数学の世界が見事に分かりやすく説明されていると同時に「博士」の個性が実によく現れている。また、(3)に見るように語り手の「私」も数字をまるで人物であるかのように表現している。

(3) a. 博士の書く数字は丸みがあって、心持ち皆、うつむき加減だった。

　　b. 人知れず18は過剰な荷物の重みに耐え、14は欠落した空白の前に、無言でたたずんでいた。

　　c. 間違いなく5は中心だった。前に4つ、後ろに4つの数字を従えていた。背筋をのばし、誇らしげに腕を空へ突き出し、自分こそが正当な目標であることを主張していた。

小説のなかで数学や数字が喩えによっていきいきと彩られているさまが以上の例から見て取れるだろう。

　このように文芸作品のなかでは個性的な喩えが巧妙に使われていることがある。

　ここで一つ練習問題。「眼の前がさあっと明るくなって」いく様子を表すのにどのような喩えが有効だろうか。以下の文の空欄を埋めてみよう。

（４）　まるで（　　　　　　　　　　）といふ風に、眼の前がさあっと明るくなって、ジョバンニは、思はず何べんも眼を擦ってしまひました。

　宮沢賢治が『銀河鉄道の夜』のなかで示した解答は次のようなものである。皆さんは納得がいくだろうか、それともかえって分からなくなっていると思うだろうか。

（５）　まるで億万の蛍烏賊の火を一ぺんに化石させて、そら中に沈めたといふ工合、またダイアモンド会社で、ねだんが安くならないために、わざと穫れないふりをして、かくして置いた金剛石を、誰かがいきなりひっくりかへして、ばら撒いたといふ風に、眼の前がさあっと明るくなって、ジョバンニは、思はず何べんも眼を擦ってしまひました。

2.2　ぬるきミルクのような幸せ

　ここまでは、物事の説明・理解のために喩えがどのように使われているのかを見てきた。ここで、喩えの別の機能について考えてみる。まずは次の短歌を読んでみよう。

（６）　年下の男に「おまえ」と呼ばれいてぬるきミルクのような幸せ

俵万智の歌集『チョコレート革命』からとった例である。ここで喩えとして用いられている「ぬるきミルク」という事物は、もちろん、われわれにとってなじみのあるものではある。しかしながら、「年下の男に「おまえ」と呼ばれていることの幸せ」との結びつきはわれわれの意表をつくものである。なぜ、このように結びつけられているかは読者が各々考えてほしい。「ぬるきミルク」に対する新しい発見が得られるはず。このように文芸作品のなかには事物を明確に理解させるというより、読み手のなかに、新たな物事の認識を創り出すことを目的にした喩えが数多く使われている。もう一例、萩原朔太郎の「こころ」という詩の一節をあげる。

（7）　こころをばなににたとへん
　　　こころはあぢさゐの花

　どうして「こころ」が「あぢさゐの花」に喩えられているのか、これだけでは理解できないのだが、この詩は次のように続いていく。

（8）　ももいろに咲く日はあれど
　　　うすむらさきの思ひ出ばかりはせんなくて。

　この一連全体を読んで、「こころ」についての新たな見方がわれわれのなかに浮かび上がってくることであろう。

2.3　ヒルのようなくちびる、ナメクジのような肌

　さらに小説作品から非常に有名な例をあげる。川端康成の『雪国』のなかに出てくる例である。

（9）a.　細く高い鼻が少し寂しいけれども、その下に小さくつぼんだ脣(くちびる)はま

ことに美しい蛭（ひる）の輪のように伸び縮みがなめらかで
　　b.　駒子の脣は美しい蛭（ひる）の輪のように滑らかであった。

　蛭についてわれわれの持つイメージは、ぬめぬめした吸血動物というもので、決して美しいものではない。これを薄幸の女主人公の美しいくちびるを描写するのに使うことで新しい美的感覚が創造されている。
　このような斬新な喩えを創り出した川端康成の喩え全体を扱った研究もある[1]。そこでは、川端康成の作品世界から「光」「水」「におい」「幼」「小動物」「神秘」「怪奇」「抽象」といった八つのイメージ群を抽出している。蛭も含まれる「小動物」のイメージ群から数例あげてみよう。

(10)a.　乳房から水落にかけてのあざは蝦蟇（がま）のように具体的な記憶になっている。　　　　　　　　　　　　　　　　　　　　　『千羽鶴』
　　b.　蝸牛類（かぎゅう）のような伸び縮みしそうな脂肪　　　　「温泉宿」
　　c.　真白な蛞蝓（なめくじ）のように、しとしとと濡れた肌　　「温泉宿」

　(9)の蛭も含め、いずれも美しい女性の描写に用いられている。このような小動物に対して持つ、われわれの通念から見るとミスマッチであるが、ここに新しい感覚世界が開かれているといってよい。
　以上に見たように、文芸作品のなかでは、新たな視点をわれわれにもたらすような、奇をてらう喩えがよく用いられている。
　以上、喩えの持つ二つの機能について述べてきた。古代レトリックの大成者の一人であるアリストテレスは、レトリックに説得効果の言語技術と美的効果の言語技術の両面を見出し、「明瞭さと快さと斬新さ」を与えるものとしての喩えの役割を強調しているが、まさにこの二つの機能と響き合うものであろう。

注
1　国立国語研究所『比喩表現の理論と分類』(1977年、秀英出版)

【タスク】
A.　次の文章は、村上春樹『1Q84 BOOK1』で、喩えを多用するある登場人物のセリフからとったものである。空欄にはどのような喩えが入るか、自分なりに考えてみよう。原文の喩えはこのページの最下行に記す。
①新人賞の応募作を俺が最後まで読み通すなんて、まずないことだ。おまけに部分的に読み返しまでした。こうなるともう（　　　　　）みたいなもんだ。
（非常に稀だということの喩え）

②それは（　　　　　）みたいに、誰の目にも明らかに見て取れる。
（誰にでもそのことはわかるということの喩え）

B.　次の俳句に用いられた喩えはどのような表現効果を持っているか考えてみよう。
　　葡萄食ふ一語一語の如くにて　　　　　　　中村草田男

C.　小説を一冊読み、そのなかに出てくる喩え表現を抜き出してどのようなパターンに分類できるか整理しよう。また、その喩えが小説のなかでどのような効果を持って使われているか考えてみよう。

原文では、A①は「惑星直列」、A②は「風のない午後の飛行機雲」。

第3章　船頭多くして船山に登る
―喩えとことわざ―

3.1　喩えとことわざ

　取り返しのつかない失敗をしてしまったときに「覆水盆に返らずだよな」だとか、疑われるような行為をするなと人に忠告するときに「李下に冠を整（ただ）さずですよ」などとことわざを使って表現することはよくある。喩えを用いたことわざは抽象的な物事をイメージしやすくする機能を持ち、どの言語文化圏でも好んで用いられるものであり、短い文のなかに、その言語文化圏の知恵を結晶させたものである。本章では、日本語のなかにあるいろいろなことわざについて、喩えを中心に見ていくことにしよう。

　まずは、簡単なクイズ。次のような内容をことわざを用いて表してみよう。

（１）a. グループのなかにリーダーが多すぎるととんでもない失敗をしてしまう。
　　　b. 遠回しなやり方で効果がでない。
　　　c. 冗談で言ったことが本当に実現する。

　(1a)は「船頭多くして船山に登る」、(1b)は「二階から目薬」、(1c)は「ひょうたんから駒」(駒は馬のこと)。船が山に登ったり、二階から目薬をさそうとしたり、ひょうたんから馬が出てきたり、よくこんな表現を思いついた人がいて、その上、日本語表現のなかに定着してきたなあと思う。ちなみに「二階から目薬」は「思い通りにならなくてもどかしい」、「ひょうたんから駒」は「道理上ありえない」という意味にも使われる。なんだか効果のあがらないやり方だなあと思ったとき、「二階から目薬だね」と言ってみてはいかがだろうか。

　ことわざには、中国古代に由来するものもある。次のような状況を述べることわざとしてどのようなものがあるだろうか。

（２）a. 敵がいなくなれば功労があった者もじゃまもの扱いされる。
　　　b. 敵どうしが共通の困難に対して協力し助け合う。

　(2a)は、『史記』に由来する「狡兎死して良狗烹らる」。すばしこい兎が死ぬと不用になった猟犬が煮て食われるということで(2a)の内容を喩えて表す。(2b)は、「呉越同舟」。中国の春秋時代に敵国どうしであった呉と越の者が同じ舟に乗り合わせたが、暴風に襲われて舟が転覆しそうになるとそれを防ぐために助け合ったという故事による。この「呉越同舟」の状況を喩えに用いて(2b)の内容を表している。なお、このことわざは、単に「敵が同じ場所に居合わせる」という意味でも用いられる。このような中国古代に由来することわざは非常に多く用いられ、漢語交じりの表現であるために文章に格調を与えることができる。以下にいくつか例をあげる。

（3）a. 羹に懲りて膾を吹く（失敗に懲りて必要以上に用心深くなる）
　　 b. 人間万事塞翁が馬（人生の幸不幸は予想しがたい）
　　 c. 桃李物言わざれども下自ずから蹊を成す（徳のある人のもとには黙っていてもその徳を慕う人がやってくる）

3.2　類をなすことわざ

　「上手な人でも失敗する」という内容を「アナウンサーでも読み間違いをする」とか「イチローも三振をする」など引き合いにだす具体例は思いつきやすいが、「猿も木から落ちる」「河童の川流れ」「弘法も筆の誤り」ということわざもよく知られている。このような同じ内容を違った表現で表している「類をなすことわざ」についてここではあげてみよう。一つは〈無用ことわざ〉とも言われるもので、「効果のないこと」を表現するのに日本語は多様な表現を持っている。

（4）a.　豆腐にかすがい
　　 b.　ぬかに釘
　　 c.　のれんに腕押し
　　 d.　沼に杭
　　 e.　泥に灸

　「豆腐にかすがい」の「かすがい」は、二つの材木をつなぐために打ち込む金具。「子はかすがい」（子どもの存在は夫婦の縁を保つ）というよく知られたことわざにもあらわれる。(4a–c)は現在でもよく使われるが、(4d–e)はほとんど知られることがなくなっている。このように生き残ることわざとそうでないものがある。
　また、かけはなれたものを対比する、いわば〈対比ことわざ〉とでも呼べるものもある。

(５)a.　雪と墨
　　b.　鷺(さぎ)と烏(からす)
　　c.　提灯に釣鐘
　　d.　月とすっぽん

　(5a)と(5b)は、その色が白と黒で対比されるもの、(5c)と(5d)は形は似ていてもその大きさがかけはなれているものである。例えば、次のように使う。

(６)　一昔前は、A社とB社は同じ商品を扱っているといっても提灯に釣鐘、月とすっぽんというほどの差があった。ところが、この十年の間にB社の企業努力によってその差はかなり縮まったのである。

　このように二つの語句を並べ立てることわざには「女心と秋の空」「夜目遠目笠の内」(人の顔が実際よりきれいに見えるとき)のように類例を並べ立てるものもある。「女心と秋の空」は、「秋の空」を引き合いに出して女心とは移ろいやすいものであるということを述べているものであるが、物や事柄を引き合いに出していることわざとしては、次のようなものも面白い。

(７)a.　親の意見と冷酒はあとで効く
　　b.　親の意見と茄子(なす)の花は千に一つも仇(あだ)はない
　　c.　彼岸過ぎての麦の肥え、三十過ぎての男に意見

　(7a)と(7b)は親の意見の効能を述べるのに、「冷や酒」と「茄子の花」を引き合いに出している。(7c)は、三十過ぎの男性に意見を言ってもいまさら遅いということを、彼岸を過ぎてから麦に肥料をあたえても効果がないことを引き合いに出して述べているものである。

3.3 動物を用いたことわざ

どの言語文化においても、喩えに動物は活躍するものである。日本語においても、ずるい人を喩えるのに「狸」や「狐」、人にへいこらしている人を喩えるのに「犬」、好色漢を喩えるのに「ひひ」など数多くある。動物はことわざにおいても大活躍している。(8)の空欄に入る動物はそれぞれ何であろうか。

(8) a. （　）に小判
 b. （　）に真珠
 c. （　）の威を借る（　）
 d. （　）の道は（　）
 e. （　）なき里の（　）
 f. 井の中の（　）大海を知らず
 g. （　）の子は（　）
 h. （　）が（　）を産む
 i. 能ある（　）は爪を隠す
 j. （　）も鳴かずばうたれまい
 k. （　）百まで踊り忘れず
 l. 腐っても（　）
 m. （　）も歩けば棒にあたる

(8a)は「猫に小判」、(8b)は「豚に真珠」。ともに、「価値のわからないものに貴重なものをあげても無駄である」という意味である。(8c)は「虎の威を借る狐」。弱者が強いものの権威を笠に着ていばることの喩えである。(8d)は「蛇の道は蛇」。「蛇(じゃ)」は「大蛇(へび)」で、「蛇(じゃ)」は普通の「蛇(へび)」。怖い大蛇の行く道は同類のものがよく知っているということから、同類のものは互いにその方面の事情に通じていることを表す。(8e)は「鳥なき里の蝙蝠(こうもり)」。

優れたもののいないところではつまらないものが幅をきかすこと。(8f)と(8g)は、いずれの空欄にも蛙が入る((8f)は「かわず」、(8g)は「かえる」)。fは、小人物が広い世間を知らないことの喩えになっており、(8g)は、凡人からはやはり平凡な人物が産まれることを表しているように、蛙は気の毒な役割をふられている。(8g)と反対に、(8h)は平凡な親から非凡な子どもが産まれることを表し、「鳶が鷹を産む」である。鷹は(8i)「能ある鷹は爪を隠す」(才能や実力のある人はふだんはそれをひけらかすことはしない)にも登場し、良い役回りを演じている。(8j)は「雉も鳴かずばうたれまい」。余計なことを言って災いを招くことの喩え。(8k)は「雀百まで踊り忘れず」。幼いときに身につけた習慣はいくつになってもあらたまりにくいことを表す。魚を使ったことわざで最もよく知られているのは、(8l)「腐っても鯛」であろう。優れたものは落ち目になっても価値が落ちにくいという意。(8m)「犬も歩けば棒に当たる」ほど表現は知られているのにその意味は知られていないということわざはあまりないだろう。「何かをやっていれば意外な幸運にあう」「何か行動すると災難に遭遇する」という正反対の二つの意味がある。動物を使ったことわざはまだまだ多くある。人間の行動を動物に見立てることで面白い表現となっており、それぞれのキャラクターが喩えとして生き生きと利用されている。

3.4　喩えを用いないことわざ

　最後に喩えを用いないことわざについてもふれておこう。

(9)a.　急いては事をし損ずる
　　b.　百聞は一見に如かず
　　c.　言うは易く行うは難し
　　d.　聞くは一時の恥聞かぬは一生の恥

喩えを用いたことわざに比べて少数であるが、こちらはこちらで耳に残りやすい。その一つは調子のよい文語調になっていること、特に(9c)と(9d)は対句となって標語調になっていることが理由であろう。例えば、(9a)について「あせって物事をやると失敗してしまう」と述べてもこれはことわざにはなりにくい。最短の言語芸術とされることもあることわざには何らかの技巧的な面が必要なのである。

【タスク】
A. 〈無用ことわざ〉〈対比ことわざ〉の例を自分で作ってみよう。

B. 次のことわざの意味を調べ、どのようなことの喩えになっているか説明してみよう。
 ・山の芋が鰻になる
 ・身を捨ててこそ浮かぶ瀬もあれ
 ・火のないところに煙は立たぬ
 ・木を見て森を見ず
 ・葦の髄から天井覗く
 ・割れ鍋に綴じ蓋
 ・木に縁りて魚を求む
 ・雨降って地固まる
 ・餅は餅屋
 ・吠える犬は噛みつかぬ
 ・一寸の虫にも五分の魂
 ・蟹は甲に似せて穴を掘る
 ・窮鼠猫を噛む
 ・虎穴に入らずんば虎児を得ず
 ・角を矯めて牛を殺す
 ・馬の耳に念仏

第4章　シミリー・メタファー・シネクドキー

―比喩についてのちょっと理論的な話(1)―

4.1　シミリー(直喩)とメタファー(隠喩)

　第1章から第3章まで、さまざまな喩えの表現を扱ってきた。喩えの表現は比喩表現と呼ばれることもある。とりあげてきた比喩には、喩えるものと喩えられるものとの間に何らかの類似性が見られたのであるが、このようなタイプの比喩にはシミリー(直喩)とメタファー(隠喩)という二つの類型が立てられる。

　シミリーとは「君の瞳は宝石のようだ」のように、比喩であることを示す標識(この場合は「ようだ」)が表現のなかにあるものである。このような標識としては、他にも「みたいだ」「同じだ」「同然だ」といった文末形式や「あたかも」「まるで」といった副詞が含まれる。メタファーの方は「君の瞳は宝石だ」のように「AはBだ」という形を取る場合と「君の宝石(＝瞳)を見つめていたい」のように喩えるもの(この場合は「宝石」)のみが文中にあらわれ、喩えられるものは隠されている場合がある。今までに出てきた表現からシミリーとメタファーをそれぞれあげてみよう。

［シミリー］
・年下の男に「おまえ」と呼ばれいてぬるきミルクのような幸せ　　(第2章)

・駒子の脣は美しい蛭の輪のように滑らかであった。　　　　　（第 2 章）

［メタファー］
・この人の文章は北斗七星だなあ、と小生は思った。　　　　　（第 1 章）
・博士の書く数字は丸みがあって、心持ち皆、うつむき加減だった。
　　　　　　　　　　　　　　　　　　　　　　　　　　　　　（第 2 章）

　シミリーとメタファーにはそれぞれの優位点があると言われている。メタファーの優位点は、よりスマートな言語表現であるということでわかりやすい。シミリーの優位点とはどのようなものであろうか。
　例えば、唐突に人から「君は豆腐だね」と言われたとしよう。この場合、われわれはとまどう他はない。それに対して、「君は豆腐のような人だね」という表現なら少なくとも、相手が自分を喩えようとしていることはわかるし、その所以を考えようとするであろう。文芸作品においても同じことで、シミリーは標識に支えられて思い切った飛躍ができる表現と考えられる。例えば、「小さくつぼんだ脣はまことに美しい蛭の輪のやうに伸び縮みがなめらかで」という川端康成の『雪国』のなかのシミリーは「細く高い鼻が少し寂しいけれども、その下に小さくつぼんだ美しい蛭の輪は伸び縮みがなめらかで」のようなメタファーに変形してしまうと意味が通じにくくなる。

4.2　概念メタファー

　第 1 章では、「釘の頭」「チームの顔」など、日常の言語のなかに浸透している喩えの例をあげた。日常言語のなかに浸透し、単発ではなく体系的に用いられているメタファーをアメリカの言語学者と哲学者のコンビである、ジョージ・レイコフとマーク・ジョンソンが分析し、概念メタファーと名づけている。以下に日本語のなかの概念メタファーの例を見てみよう。

(1)a.　心が大きい／小さい
　　b.　心が重い／軽い
　　c.　心を傾ける
　　d.　心が洗われる
(2)a.　相手の気持ちを汲む
　　b.　愛情をそそぐ
　　c.　好意に溢れる
　　d.　嬉しさで胸が一杯になる
　　e.　情熱がほとばしる
　　f.　激情に押し流される
　　g.　ふつふつと怒りがわきあがる
　　h.　百年の恋もさめる

　(1)は〈心は容器(心を容器に喩える)〉、(2)は〈心の内容は液体(心の内容を液体に喩える)〉とそれぞれ整理できる[1]。これらのメタファー表現は、いずれも日常言語のなかに浸透し、体系をなしていることが見てとれるだろう。このような概念メタファーは、われわれの用いる言語の根幹をなすといってよいほど、多量多様に存在する。概念メタファーは一般的に言って、抽象的で捉えにくいものを具体的なイメージで捉えているものが多い。例えば、人生のいろいろな局面を「門出」「旅立ち」「回り道」「分かれ道」など旅に関わる語で捉えた表現は〈人生は旅である〉という概念メタファーによるものであるし、時間について「費やす」「無駄遣い」「足りる／足りない」などの金銭に関わる語で捉えた表現は〈時間は金である〉という概念メタファーのあらわれである。

4.3　シネクドキー(提喩)

　第3章では、多くのことわざ表現をとりあげたが、これらもメタファーと言ってよいものであろうか。例えば、「井の中の蛙大海を知らず」は、「小人物」を「蛙」に喩えるメタファーであると言える。しかしながら、「のれんに腕押し」は、「少しも手ごたえのない」という状況の一つのあり方であり、類のなかの一つの種という関係になっている。このような類と種の関係、別の言い方では、上位カテゴリーと下位カテゴリーの関係をもとにした比喩を、シネクドキー(提喩)という。以下にシネクドキーの例をあげる。

(3) a.　花見に行く
　　 b.　横町の小町
　　 c.　せともの

　(3a)「花見に行く」という場合の「花」は通常「桜の花」を意味している。この場合は、「類＝上位カテゴリー」(花)によって、「種＝下位カテゴリー」(桜の花)を置き換えている。また、(3b)「横町の小町」といういささか古い表現は、「種＝下位カテゴリー」(小町)によって「類＝上位カテゴリー」(美人)を置き換えている。この「横町の小町」のように、類を置換する種には代表的な事例が用いられる。(3c)について、今日、瀬戸で作られる陶器を指す名称「せともの」が陶器全体を指すことになったのは、それが最も多く流通し代表事例と考えられたからであり、これもシネクドキーである。上に述べた例は、(3a)「花見」を除いて、いずれも種(下位カテゴリー)によって類(上位カテゴリー)を表すものであり、こちらの方が思いつきやすいが、類(上位カテゴリー)によって種(下位カテゴリー)を表すタイプのシネクドキーも多数存在する。

(4)　ロナウド・ルイス・ナザリオ・ダ・リマ。二十世紀最後の、そして

二十一世紀最初のスーパースターになるであろう生命体のフルネームである。　　　　　　　　　　　（日本経済新聞1998年5月17日朝刊）

　「生命体」という上位カテゴリーの名称を使ってある「人物」を表しているという点でシネクドキーである(「人物」は「生命体」の下位カテゴリーに属する)。この表現を用いることによって、ロナウドの人間としての他の特徴が捨象され、いわば原始的な生命力が強調されて、サッカー選手としての怪物ぶりが強調されている。この場合は、「生命体」―「動物」―「人間」という既存のカテゴリー体系を利用したものであった。このタイプのシネクドキーには、「〜のもの」などの表現で上位カテゴリーを臨時に設定し、それによって通常の使用語に置き換えるタイプもある。例えば、次のような表現があげられる。

（5）　堅田の浮御堂に辿り着いた時は夕方で、その日一日時折思い出したように舞っていた白いものが、その頃から本調子になって間断なく濃い密度で空間を埋め始めた。　　　　　　井上靖「比良のシャクナゲ」

　(5)の「白いもの」は「雪」を表している。「白いもの」というカテゴリーを上位に設定することによって、その下位に属することになるものを表現するタイプのシネクドキーである。「白いもの」というシネクドキーを用いることによって、「雪」の持つ他の属性が捨象され、「白い」という特徴が強調されるという効果が表れている。このようにシネクドキーには、指示される対象のある側面を際立たせるという特性があるのである。

注
1　この概念メタファーについては、国広哲弥(1985)「認知と言語表現」『言語研究』88参照のこと。

【タスク】
A. 次の表現に表れている比喩をシミリー・メタファー・シネクドキーに分類しなさい。
   ・光陰矢のごとし
   ・彼は昔、ドンファンとしてならしたものだった。
   ・彼女の病気は峠を越した。

B. 「液体」を表す表現は次のようなメタファーとして用いられることがある。次の各々の例において、喩えるもの（液体）と喩えられるものの類似点をそれぞれ指摘しなさい。
   ・流れる　　　例)高速道路を車が流れる、時が流れる、試合が流れる
   ・あふれる　　例)参列者が歩道にあふれる、彼は自信にあふれている
   ・湧く（液体が地中に出てくる）
   　　　　　　　例)虫が湧く、実感が湧く、会場に拍手が湧く
   ・沸く　　　　例)全校生徒が勝利の喜びに沸く、場内がタイムリーヒットに沸く
   ・蒸発する　　例)蒸発した女
   ・凍る　　　　例)場の空気が凍る、身も凍る恐怖

第5章　メトニミーとは何か
　　　　―比喩についてのちょっと理論的な話(2)―

5.1　メトニミー(換喩)とは何か

　第1章で「台風の目」、「碁盤の目」、「パンの耳」といった表現を喩えの表現としてとりあげた。前章の用語を用いて言い換えれば、「台風の目」「碁盤の目」は、形態の類似性を基盤にしたメタファーであり、「パンの耳」はその位置の類似性を基盤にしたメタファーである。身体用語は、「目がいい」「耳がいい」「鼻が利く」といった表現にも用いられ、この場合の「目」は視覚能力、「耳」は聴覚能力、「鼻」は嗅覚能力の置き換えである。このような置き換えの表現も比喩の一種であるが、前章で述べたシミリーやメタファーのように類似性をもとにしているわけでもなければ、シネクドキーのように類と種の関係をもとにしているわけでもない。器官とその能力の間の関係の近さを基盤にした比喩であり、このようなものをメトニミー(換喩)と呼ぶ。関係の近さを基盤にしていると考えると、多種多様なタイプの表現がメトニミーには入ってくる。以下にその具体例を見てみよう。

（1）a.　春雨やものがたりゆく蓑と傘
　　　b.　ヤカンが沸いている。
　　　c.　福沢諭吉がもっとあったらなあ。

d.　霞ヶ関の考えていることはわからない。
　　e.　春樹はいつも面白い。
　　f.　トヨタはこわれにくい。

　(1a)は蕪村の俳句である。「蓑を着ている人物」「傘をさしている人物」を「蓑」「傘」と表現している。このように、人物をその身にまとうもので置き換えて表現するのは、文学作品に限らずよく見られる現象である。あだ名でも、いつも赤いシャツを着ている人物を「赤シャツ」、メガネをかけている青年を「メガネ君」と呼ぶことなどがこの類例としてあげられるだろう。また、童話の主人公であるいつも赤頭巾をかぶっている女の子を「赤頭巾ちゃん」と呼んだり、駅で旅客の荷物を運ぶのを職業にする人を、赤い帽子をかぶっていることから「赤帽」と呼ぶのも同様に考えられる。

　(1b)の「ヤカン」の表現しているものは「ヤカンの中の水」で、字義通りの意味とは、中身と容器の関係にある。(1c)の「福沢諭吉」は、「一万円札」で、字義通りの意味とは、部分(お札の肖像画)と全体(お札)の関係にある。(1d)の「霞ヶ関」は、「霞ヶ関で働く官僚」、場所とそこで働く人物の関係にあり、(1e)は、「村上春樹の作品」で、作者と作品といった関係にある。また、(1f)は、「トヨタ製の車」で、会社と製品の関係にあると言える。これらも字義通りの意味と表現される意味が近い関係をなしており、メトニミーの例と考えられる。

　注意してほしいのは、これらは単なる省略表現ではなく、言語によって表現されている部分を際だたせる表現効果を担うレトリックであるということである。例えば、(1a)の例でいえば、「蓑を着ている人物」全体の中で、「蓑」をクローズアップし、そこに読み手の意識が向かうようになっている。ここで見た他のメトニミー表現も同様の観点から考えることができる。

5.2 時間とメトニミー

メトニミーには次の(2)で見るような時間的な関係の近さを基盤とするものもある。

(2) a. 箸をつける
　　b. 袖を絞る

(2a)「箸をつける」で「食べる」という意味になる。「食べる」行為のプロセス全体の中で、はじめのプロセスである「箸をつける」行為のみで全体を表現している。これは、時間的に連続したプロセスにおいて「(はじめの)一部分」と「全体」の間の関係の近さを基盤にしたメトニミーである。

(2b)「袖を絞る」は「ひどく悲しんで泣く」という意。ひどく悲しんで泣けば涙で袖が濡れ、濡れた袖を絞らざるをえない。この場合、後続する「袖を絞る」という行為によってそれに先立つ「ひどく悲しんで泣く」という行為を示す表現になっているのであり、時間的に先行する行為と後続する行為という近い関係を基盤にしたメトニミーとなっている。このような発想は和歌の中で多く使われている。たとえば、(3)の『古今和歌集』596番の歌(作者は紀友則)を見てみよう。

(3)　年を経て　消えぬ思ひは　ありながら
　　　　夜の袂は　なほこほりけり

夜着の袂が凍っているのはなぜか。悲しくて泣きその涙が袂に滴って夜の寒さのために凍ったのである。「思ひ」の「ひ」は「火」が掛けられている。「火」があるから凍るはずはないのに、それでも凍るということはその悲しみは深いのであろう。

5.3 メトニミーと修辞性

　ここで今までとりあげてきた表現を修辞性(読み手に新奇な表現だと感じられる性質)という観点から整理しよう。(1a)は明らかに修辞的な表現効果をねらったものである。(1c)や(1d)は、(1a)ほどではないものの新奇性が感じられる。(2b)や(3)は和歌の中では定着している表現だが、知らないものにとってはやはり新奇性があるであろう。それに対して、(1b)や(2a)は、その表現自体が日常言語のなかに定着しておりあまり新奇性が感じられなくなっている。同じことは(1e)と(1f)にも言え、この場合は、作品を作者名で置き換えることや製品を社名で置き換えることが日常言語のなかに定着している。このように一口にメトニミーといっても修辞性の高いものから低いものまでいろいろなケースがあるのである。修辞性の低いメトニミーの極端な例としては、次の(4)との関連でとりあげるようなケースがある。

(4) a. 扇風機の羽根が回っている。
　　b. 電球のフィラメントが切れた。
　　c. 自転車のペダルをこぐ。

　(4a)は「扇風機が回っている」、(4b)は「電球が切れた」、(4c)は「自転車をこぐ」が通常使われる表現である。しかしながら、本来は「回っている」ものは「扇風機」全体ではなく「扇風機の羽根」、「切れた」ものは「電球」全体ではなく「電球のフィラメント」、「こぐ」対象は、「自転車」全体ではなく「自転車のペダル」である。いずれも、「全体」と「部分」という近い関係を基盤にして意味の置き換えが成り立っているという点ではメトニミーと言えるが、この場合、表現としてはメトニミーを使ったものが通常表現となっている点で、修辞性のまったくないメトニミーである。さらに、メトニミーが働いていると考えられる例で、そもそも何が本来の字義通りの表現か明らかでないものもある。次の(5)(6)を通して考えてみよう。

(5) a. 明日は学校がない。
　　b. 学校が火事だ。
　　c. 学校からの連絡がまだない。

(6) a. 頭がいい。
　　b. 頭が痛い。
　　c. 形のいい頭。

　(5a)の「学校」は通常、学校で行われる授業と解釈されるだろう。また、(5b)の「学校」は校舎をさし、(5c)の「学校」は、そこで働く教職員をさしていると考えられる。これらは、いずれも「学校」という言葉で表現される領域のなかに属し、相互に密接な関わりを持っているが、このなかのどれが本来の意味かということを決めることはできない。しかしながら、それらを総合する「学校」という名称が、その領域の一部として属するものをそれぞれ表していると考えれば、近い関係性を持つことを基盤にした言葉の置き換えというメトニミーの規定があてはまるだろう。「頭」についても同様の説明ができる。この場合も、どれかが本来の意味というわけではなく、(6a)は「頭脳」、(6b)は、「頭の内部」、(6c)は、「頭の外側」というように、「頭」という名称で総合される全体像の、それぞれ一部分に焦点があたっていると考えられるからである。動詞の多義についても同様に考えられる。「しぼる」という動詞の表す行為は、対象に力を加えるという行為の過程とその対象から水分が出てくるという行為の結果の両方を合わせ持つが、「オレンジをしぼる」の「しぼる」は過程に焦点があたっている表現と考えられ、「ジュースをしぼる」の「しぼる」は結果に焦点があたっている表現と考えられる。この場合も「しぼる」という行為の二つの側面の間で焦点が移動していると考えれば、「頭」「学校」と同様にメトニミーであると言えるだろう。
　以上を通して見たように、メトニミーは修辞性を持ち、新奇な用法として用いられるものから、日常の言語使用に深く根ざしているものまで広がりを

持っている。言語表現を考えていく上で、とても重要なレトリックだと言うことができよう。

【タスク】
A. 時間に関わるメトニミーは、次のそれぞれの例のように、日常の会話でも頻繁に用いられている。A2 の返答は先行する切符がとれなかったという事態で、「行かなかった」ということを伝えているし、B2 の返答は、二度と行かないという結果の事態を述べることで「レストランがまずかった」ということを伝えている。同様の事例を考えてみよう。

① A1：「連休中、沖縄に行ったの？」
　A2：「切符がとれなくて。」

② B1：「あの店は美味しかった？」
　B2：「もう二度と行かない。」

B. 人物の外面の様子でその人物の内面を示す表現も両者の関係の近さをもとにしているので、メトニミーの一種である。次の慣用句で表されている様子では、どのような内面を表しているだろうか。
・地団駄を踏む
・あごを出す
・口をとがらせる
・首をひねる
・目を見張る

第6章　かんぴょう巻でも寿司は寿司
―さまざまなレトリック(1)―

6.1　トートロジー(自同表現)

　この章では、比喩以外のさまざまなレトリックを紹介していく。まずは、トートロジー(自同表現)である。「AはAだ」というように同じ語を繰り返しても実質的な意味はないのではないかと一見思われる。しかしながら、言葉とは面白いものでそれが意味をなす場合がある。

(1)a.　かんぴょう巻でも寿司は寿司だ。
　　b.　何で勝っても勝ちは勝ち。

　(1a)は昔のマンガの一場面。寿司が食べたい食べたいと切望する息子に、今日はお寿司だよ、と母親が声をかける。喜び勇んで帰ってきた息子の前には大量のかんぴょう巻が……。こういった状況で「かんぴょう巻でも寿司は寿司だ」という発話は意味をなす。この場合、くどく言い換えれば、「かんぴょう巻はあなたがイメージしていた寿司ではないかもしれませんが、寿司であることには違いありませんよ」ということになろう。また、(1b)はどのような状況で発せられたセリフであろうか。少し考えてみてほしい。
　例えば、試合で、相手が事故などで来られなくて不戦勝になったとする。

こんなのでは、勝ちとは言えないよね、という人に向かっての言葉なら成立すると考えられるであろう。この場合も、「不戦勝はあなたが考える勝ちとは違うかもしれませんが、勝ちであることには違いありませんよ」ということになろう。

その語に対して持つわれわれのイメージにはあてはまりにくいが、周辺例としては成立するということを述べたものとして、以上のようなトートロジーを「周辺型トートロジー」[1]と呼んでおこう。トートロジーには、また別のタイプの意味作用をもたらすものもある。

（２）　人は人。自分は自分。一緒にするな。

（2）は、友達がみんな持っているから買ってほしい、という子どもに対する親の言葉でありがちなものである。他人が持っているからといって、自分が持つ必要があるのか、と他人と自分を厳しく区別するように求めている表現である。このようなものは「区別型トートロジー」と呼べるが、ちょっとお説教っぽい調子のなかであちらこちらで発生していることと思う。どのような例があるか自分で考えてみてほしい。

6.2　オクシモロン（対義結合）

オクシモロン（対義結合）は、反対の意味を持つ言葉をつなぎ合わせたレトリックである。反対の意味を持つ言葉をつなげればこれもまた意味をなさないと思う。しかしながら、「大学じゃない大学」「公然の秘密」といった例は、明らかに言語表現として成立していると考えられる。このような表現の場合、「学問に励むところ」（大学）とか「知っている人が少ない」（秘密）といったイメージにそぐわないような「大学」や「秘密」を想定すれば成立するであろう。「学生がちっとも勉強しないような大学」や「みんなが知っているような秘密」である。これは、6.1で説明した周辺型トートロジーと同

様にそのカテゴリーの中の周辺のものを指している。
　オクシモロンには次のようなタイプも存在する。

（３）　妻恋坂はのぼり坂であり、またくだり坂である。
（４）　何、若年寄みたいなことを言ってんの。

　（３）は、ある事態・事物を別の視点から見てそれを結合するタイプである。例えば、海に接した平らな砂地をイメージしてみよう。「必死に泳いでなんとか（　）にたどりついた」という場合は「浜」より「岸」の方が入りやすいし、「歩きに歩いてなんとか（　）にたどりついた」という場合は「岸」より「浜」の方が入りやすい。
　同じ場所を海側から見た場合は「岸」、陸側から見た場合は「浜」というように視点の違いによって言葉を使い分けているのである。
　このように日常の語彙使用のなかでわれわれは視点の切り替えを頻繁に行っており、これを一つの文のなかで行ったものがこのタイプのオクシモロンだと考えられる。（４）は、「年寄」が比喩的な拡張を起こし若い人物に対する比喩表現として用いられている。「若年寄」は、「まだ若いのに年寄りのような人物」ということであり、矛盾は生じていない。

6.3　緩叙法

　以上のトートロジー・オクシモロンとはまた毛色が違っており、面白い性質を持つレトリックである緩叙法、誇張法と列叙法について見ていきたい。
　緩叙法とは、たとえば、「うれしい」という通常の表現に対して「かなしくない」と反対のものごとを否定する形で述べる表現である。佐藤信夫著『レトリック感覚』(1992年、講談社学術文庫)であげられた例を(5)で見てみよう。

（５）　三十歳の峠を越そうという人間が、二十になったやならずやの兵長の喚くまま、汗水垂らして掃布握って床を這い廻り、眼の色変えて吊床を上げ下げする図は、どう考えても気の利いた風景でない事は私といえども百も承知しているのだが、しかし当時の私の気持としてはそうするより道がないのであった。　　　　　　　　梅崎春生「崖」

　みっともない事実をみっともないと描写することをせずに、一回「気の利いた風景」に視点を動かすことによって、事実とのコントラストの効果をもたらし、みっともなさを倍加させる効果をこのレトリックは担っている。佐藤信夫氏の表現を借りれば、「緩叙法は事実を緩叙することによって視点を移動させる」のである。

　なお、緩叙法は、控えめに述べる表現技巧という意味で使われることもある。テストで高得点を取ったのに「まあまあの出来でした」と述べるような例がこの意味での緩叙法にあてはまるだろう。

6.4　誇張法

　続いて、誇張法である。すぐれた表現者は、おおげさなものいいを実に効果的に使う。

（６）　僕が大学生のころ、つまり現在十代・二十代の人たちにとっては旧石器時代のごとく遠い昔、そして僕および僕と同世代の人間にとっては他人事のように平然とふり返るにはまだいささか気恥ずかしい冷や汗ものの近過去のこと、平たくいえばだいたい十五年くらい前、僕らはよく「スカーレット・オハラる」という言葉をつかった。
　　　　　　　　　　　　　　　　　　　　柴田元幸『生半可な學者』

　同じ「十五年」という時間について、ある人々にとっての「近過去」が、

別の人々にとっては「旧石器時代のごとく遠い昔」であると述べることによって世代間の断絶が強調されている。これは「寝てしまう」と題されたエッセイの冒頭部であるが、この誇張法の効果によって読者をひきつける巧妙な出だしとなっているのである。ちなみに、「スカーレット・オハラる」というのは、『風とともに去りぬ』のヒロインにちなんだ用法で「(難しい問題は)明日考えることにして、寝てしまう」の意とされている。「人名＋る」という表現は、他にもいろいろと使われていることと思う。考えてみてほしい。

　すぐれた表現者でなくても、人は時として、「疲れて死にそう」、「(空腹のあまり)おなかと背中がくっつく」のような現実離れした表現を用いる。ともすれば、われわれの言葉は平板になりがちで、そこから抜け出すためにわれわれはこのような印象的なものいいをするのである。

6.5　列叙法

　列叙法も誇張法とならんでおおげさなものいいの表現として用いられる。同列の表現を並べ立てるという特質を持つこのレトリックについて次のような例を考えてみよう。

　目の前を通りすぎていく蟻の行列をわれわれはどのように言葉によって描写するであろうか。「ひっきりなしに蟻が目の前を通っていった」などとするのが、通常のやり方であろう。それを「蟻が一匹通った。」などと描写したら、異常な文章だと見られてもしょうがないであろう。きりのない現象をそのとおりに記録するだけなら、大量のことばは必要ではなかろう。きりがないとか、際限がないとか、長たらし

さをほんのひとことで表現する語句はいくらでもあるもので、そういう語句を用いるのが普通なのである。つまり、言語は本来「省略性」を持っているもので、それにのっとって描写する方が通常の表現である。が、すぐれた表現者は、それを逆手にとってレトリカルな表現を作り出す。

（7）　尤も大饗に比（ひと）しいと云っても昔の事だから、品数の多い割に碌なものはない。餅・伏菟・蒸鮑・干鳥・宇治の氷魚（ひうお）・近江の鮒・鯛の楚割（すわやり）・鮭の内子（こごもり）・焼蛸・大海老・大柑子（こうじ）・小柑子・橘・串柿などの類である。
　　　　　　　　　　　　　　　　　　　　芥川龍之介「芋粥」

（8）　（長二度あがりの音程は―引用者注）なにしろ豆腐屋さんの「ププー」の音程です。《おてもやん》の「おてー」の音程です。竿をかついでやってきたオッサンの「きんぎょーえ、きんぎょ」の音程です。素人のど自慢で、鐘が二つだけなるときの「トン・テーン」の音程です。
　　　　　　　　　　　　　　　　　　　　佐藤良明『J-POP 進化論』

　（7）は、供される品々を執拗に羅列している。「などの類である」と結ぶのだから三、四あげればすむところを延々と続けることによって、品数の多さを強調する効果をあげている。（8）は、「長二度あがりの音程」にあたるものを一例あげればすむところを次々とそれに属するものをあげることによって、滑稽味を醸（かも）し出している。

　以上をまとめると「言語の平板性への反逆」が誇張法ならば、「言語の省略性への反逆」が列叙法と考えられる。誇張法も列叙法もおおげさなものの言い方という共通項を持つが、その方向性は逆なのである。

注
1　「周辺型」「区別型」などトートロジーのタイプ分けについては坂原茂（2002）「トートロジとカテゴリ化のダイナミズム」、『認知言語学 II：カテゴリー化』（大堀壽夫編、東京大学出版会）に詳しい。

【タスク】

A. 「周辺型トートロジー」と「区別型トートロジー」の例をそれぞれ考えてみよう。

B. 「慇懃無礼(いんぎん)」とはどのような意味か。また、それは本章でとりあげたどのレトリックの例として考えられるか。

第7章　僕は僕の手から帽子を落とす
―さまざまなレトリック(2)―

7.1　語り得ぬものを語る

　われわれは、手持ちの言葉でうまく表現できない事態に出くわしたらどうするか。一策は、喩えを用いることである。深夜、目が覚めているのに身体がピクリとも動かない……。このときの恐怖を表すことばとして、まるで鎖に縛られたかのようだと考え「金縛り」という表現が使われているのはこの例であろう。喩え以外の言語戦略として、ああでもないこうでもないといいながら可能性を狭めていったり、あるいは沈黙したりすることもありえる。佐藤信夫著『レトリック認識』(1992年、講談社学術文庫)でとりあげられている例を以下にあげよう。(1)がためらい、(2)が黙説の例である。

（１）　今夜死ぬのだ。それまでの数時間を、私は幸福に使いたかった。ごっとん、ごっとん、のろすぎる電車にゆられながら、暗鬱でもない、荒涼でもない、孤独の極でもない、智慧の果でもない、狂乱でもない、阿呆感でもない、号泣でもない、悶悶でもない、厳粛でもない、恐怖でもない、刑罰でもない、憤怒でもない、諦感でもない、秋涼でもない、平和でもない、後悔でもない、沈思でもない、打算でもない、愛でもない、救いでもない、言葉でもってそんなに派手に誇示できる感

情の看板は、ひとつも持ち合せていなかった。

太宰治「狂言の神」

（２）　葉蔵は、はるかに海を見おろした。すぐ足もとから、三十丈もの断崖になっていて、江の島が真下に小さく見えた。ふかい朝霧の奥底に、海水がゆらゆらうごいていた。

　　　そして、否、それだけのことである。　　　太宰治「道化の華」

　ためらいは、ああでもないこうでもないと言葉を過剰に発信し、黙説は、ことばを中断することによって沈黙に語らせるという対照的な性格を持つが、「思い」を正確に言葉にのせることができない時に用いられる「苦しまぎれ」のレトリックである点は共通している。既存のことばで処理できないときに用いられる言語戦略という点では、喩え表現に近いが、これらは空白部を聞き手・読み手の想像力で補わなければならないという意味で、より聞き手や読み手への依存度が高い。この点で独特の個性を持つものである。

7.2　省略という言語技法

　前節で述べた黙説は、言葉の省略による修辞技法であるが、単語レベルでの省略もある種の言語技法と見てよい。次の単語の省略形としてどのようなものが用いられているだろうか。

（３）a.　携帯電話
　　　b.　バスケットボール

（４）a.　気持ち悪い
　　　b.　恥ずかしい

（5）a. 警察
　　b. 新宿

　（3）は、単語の後部が省略され、それぞれ、「ケータイ」「バスケ」となる。単語の省略パターンとしては、このような後部省略のパターンが最もよく行われるものである。これに対して、（4）に対してなされる中間部省略、（5）に対してなされる前部省略は頻度としても少なく独特の個性を持つ。中間部省略は、（4）のように、長い語形の形容詞においてよく見られる。（4a）は「きもい」、（4b）は「はずい」となるが、他にも「面白い」→「おもろい」、「けばけばしい」→「けばい」などがある。（5）のように前部を省略すると、元の語形が推測しにくくなるので隠語性を帯びることがある（隠語とは仲間内だけで通用する言葉のこと）。（5a）の「サツ」の類例としては、「刑務所」→「ムショ」などがあり、（5b）の「ジュク」の類例としては、「池袋」→「ブクロ」、「吉祥寺」→「ジョージ」などがあげられる。省略表現は若者ことばによく見られる。身の回りでどのようなものが使われているか観察してみよう。

7.3　おしゃべりなレトリック

　省略とは反対に余分な言葉を足すレトリックも存在する。暗示的看過法は、言わないと前置きしながらも実際には言ってしまうレトリックで、有名なものとしては、志賀直哉『小僧の神様』の末尾がある。

（6）　作者は此処で筆を擱く事にする。実は小僧が「あの客」の本体を確かめたい要求から、番頭に番地と名前を教えてもらって其処を尋ねて行く事を書こうと思った。小僧は其処に行って見た。ところが、その番地には人の住いがなくて、小さい稲荷の祠があった。小僧は吃驚した。―とこういう風に書こうと思った。しかしそう書く事は小僧に対

し少し惨酷な気がして来た。それ故作者は前の所で擱筆(かくひつ)する事にした。

志賀直哉「小僧の神様」

　一方、すでに言語上表現されている内容をあえて重ねて表現するのは、冗語法である。「人っ子ひとりいない無人の島」「一つ残らず何もかも全部」のような例がそれにあたる。このような例は、言語形式が言い換えられているため余分な言語表現であるという感じがそれほどではない。強調の修辞表現として成立しているものである。

　これに対して、「馬から落馬する」「雷が落雷する」「頭痛が痛い」などは、すでに言語化されているものの一部の形式を剰語的に反復するものであり、余分な言語表現であるという感じが出る。この場合は、通常は誤用として考えられるものであるが、滑稽感を出すために意図的に用いているとするならば、修辞形式の一種として考えてもよいであろう。これは、冗語法と区別して剰語的反復と呼ばれるものである。剰語的反復には、「郵送で送ります」、「後で後悔するなよ」、「伝言をお伝え願いたいのですが」など、よく考えなければそれと気づかず日常的に使ってしまっているものもある。他にどのような例があるか考えてみよう。

7.4　一人称代名詞とレトリック

　「私は私の母に会いに行った」のように、一人称代名詞をことさらに反復することにより、語り手を客体的に表現するような場合も剰語的反復の一形態と考えられる。佐藤信夫・佐々木健一・松尾大著『レトリック事典』(2006年、大修館書店)でとりあげられた例を見てみよう。

（7）「君はまだ知らないのか、あいつが死んだのを？」
　　　「死んだ？」
　　　「昨夜自殺したんだ。」

第 7 章　僕は僕の手から帽子を落とす　45

　僕は化石したやうになつてそこに立つてゐる。僕はもうそこに坐つてゐるのだと信じながら。僕は僕の手から帽子を落す。しかし、それにも気がつかない。それにもかかはらず、僕は僕が少しも取乱したところのない冷静な様子をしてゐるのを不思議に感じる。（下線は引用者による。）　　　　　　　　　　　　　　　堀辰雄「眠れる人」

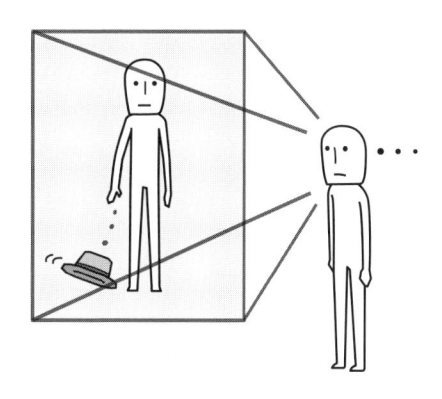

　一人称代名詞を明示する必要のないところ（下線部の「僕」）で、あえてそれを行うことにより、「外側から観察している「僕」」が、「観察されている「僕」」を捉えることになっている。
　この例は剰語的反復という修辞技法として前掲書で説明されているように、本来は非明示であるべきものをあえて明示的に述べることで独特の表現効果を出すものであった。これが極端に表れているのは次のような例である。

（8）「今日のような暑い日には、私は家に帰り着くやいなや上着を脱ぐでしょう」
　　　　上着を着ていたジャックはそう言った。
　　「あなたは涼しくなるために上着を脱ぐでしょう」
　　「上着を脱ぐやいなや私は涼しくなるでしょう」
　　　　　　　　　　　　清水義範「永遠のジャック＆ベティ」

廣瀬幸生・長谷川葉子『日本語から見た日本人』(2010年、開拓社)は、(8)のようなパスティシュを用いた文章をもとに、「教科書英語的日本語」という面白い概念を示している(パスティシュとは笑いを目的とせず、言語技巧の冴えを読者に感心させることを目的とした模擬表現。第10章で扱う)。

　一人称代名詞が明示される英語とそれが明示されにくい日本語の対比が、上のような奇妙な文章に反映されているのである。

　以上述べたような「剰語的反復」とは必ずしも言えず、「一人称代名詞の明示／非明示」の切り替えにすぎないと思われる微妙な例もあげてみよう。水村美苗『本格小説』の一節で、(9a)が原文、(9b)は一人称代名詞を非明示にしたものである。

(9)a.　いつのまにか<u>私の</u>頭の中はセピア色をした日本語で溢れ、<u>私は</u>自分が生きたこともない日本を全身で恋い、もう存在しないその日本に帰る日を昼夜夢見ながら暮らすようになっていた。もちろん<u>私の</u>頭にほかのものが影を落とさなかったわけではない。例えばそこにはいつ誰が買ったとも判らない、ページの端が茶に変色した文庫本の翻訳小説もあった。(下線は引用者による。)　水村美苗『本格小説』
　b.　いつのまにか頭の中はセピア色をした日本語で溢れ、自分が生きたこともない日本を全身で恋い、もう存在しないその日本に帰る日を昼夜夢見ながら暮らすようになっていた。もちろん頭にほかのものが影を落とさなかったわけではない。例えばそこにはいつ誰が買ったとも判らない、ページの端が茶に変色した文庫本の翻訳小説もあった。

　この二つの文章はどちらがより自然とはいえず、従って(9a)の原文は剰語的反復が使われているとすることはできない。しかしながら、両者を読み比べてみると、(9a)の方は、自己を外側から眺めて描写している感じが強く、

現在から過去の自分を冷静に眺めて振り返るという表現効果が出ている。それに対して、(9b)は、その過去の自分の視点からその時の事態を描写するという感じである。この文章は「思えばあのころの私には三つの世界があった」と前置きして過去の自分を回想する場面で、その「三つの世界」の「二つ目の世界」について語っている。単に過去に埋没して、その視点から描写するのではなく、三つの世界を対比的に捉え、過去の自分について見つめ直すということからは語り手を客体的に表現する(9a)の方がふさわしいと言えよう。

【タスク】
A. 7.1で述べた「ためらい」の裏返しとして「類義累積」(あるものを描写するのに似た言葉を並べること)という技巧もある。
　例として、「面白い」ということを表すのに、「その光景は、本当に滑稽で、愉快で、はらわたがよじれるほど、また、あごが外れるほど笑ってしまうようなものだった」などと描写する表現などがあげられる。「珍しい」ことを表す表現を並べた「類義累積」の例文を作ってみよう。

B. 次の人名や科目名・学校名(いずれも架空の名称である)はどのようなパターンで省略されるだろうか。また、なぜそのパターンが選ばれるか考えてみよう。
　・奈良林　一樹(ならばやし　かずき)
　・ロベルト　ザッカーバーグ
　・日本語学特別講義C
　・山梨東中学(やまなしひがしちゅうがく)

C. 清水義範「永遠のジャック＆ベティ」(清水義範『翼よ、あれは何

の灯だ—清水義範パスティーシュ100 六の巻』(ちくま文庫)を読み、そこで用いられている「教科書英語的日本語」と自然な日本語の違いについて考えてみよう。

第8章　昭和な街角
―悪文・誤用とレトリック―

8.1　悪文の特性

　この章では、悪文のレトリック価値という少し奇妙な観点からレトリックについて扱ってみたい。悪文と修辞的な文章は、通常の文から逸脱しているという共通項があり、そのメカニズムには重なる点が多いからである。悪文を成立させる要素としては「日本語としての誤り・不明瞭さ」と「ジャンルのずれからの不具合」があると考えられる。それぞれの例を岩淵悦太郎編著『第三版　悪文』(1989年、日本評論社)からあげる。

（1）　千葉大使は石橋湛山氏の女婿だそうで、儀礼と術策好きの外務官僚臭の少ない人柄に見えた。
（2）　また、この乳酸菌は多量の乳酸を産生して、腸内の腐敗発酵をふせぐばかりか、さらにビタミンB2をも豊富に産生して栄養の助長に奏効します。

　(1)は、千葉大使が儀礼と術策好きな場合とそうでない場合の二通りにとれるということで誤解を招く可能性があり、「日本語としての誤り・不明瞭さ」がもたらす悪文の事例と考えられる。(2)は、一般向けの文章としては

語彙の使い方が不適切ということで、「ジャンルのずれからの不具合」の事例と言うことができよう。これらの事例は、特にレトリック効果があるわけではなく、単なる不適切な文章ということにとどまる。

しかしながら、一見、表現が過剰で誤った日本語のように見えてもレトリック効果を持ちうる場合がある。前章で剰語的反復というレトリック項目の例としてとりあげたものがその一例である。

（３）　僕は僕の手から帽子を落す。しかし、それにも気がつかない。それにもかかはらず、僕は僕が少しも取乱したところのない冷静な様子をしてゐるのを不思議に感じる。(下線は引用者による。)

堀辰雄「眠れる人」

この文章において、下線部の「僕」は一見過剰な表現であるが、事態の外側に表現主体がおり、そこから自己を客観的に突き放して見ている、という表現効果が出ているというのは前章で述べた通りである。

8.2　不整合構文

次の二つの文章の下線部は、通常の「〜のは〜のだ(のです、のである)」という構文とは、ずれた使い方がされている。

（４）　この選挙で変わっているのは、日本のように候補者の名前を書いて投票するのは、いなかだけで、都市などのように、人口の多い町では、投票所に投票機という機械がおいてあって、投票する人は、じぶんの選びたい人の名前の所にあるハンドルを、ガチャンとおすだけでよいのです[1]。(下線は引用者による。)

（５）　昼も晩もさう云ふ風に食事の時間を八釜しく云ふのは、その前から腹がへつてゐて、やつときめた時間まで我慢してゐるのだから、あてに

した時刻を過ごされると、急に腹が立つのである。(下線は引用者による。)　　　　　　　　　　　　　　　内田百閒「百鬼園日暦」

　単に稚拙な文章である(4)とは異なり、(5)は前項(A)と後項(B)を強引にこの構文によって結びつけていることにより、小説家の思考の流れを文章に反映させている。つまり、Aとして頭に浮かんだことを思いつくままにBと結びつけているのである。このような強引な操作がもたらす飛躍のある文章について、小説家のユニークな思考の反映として、文章的味わいを感じることができ、レトリック効果を持つと言って良いだろう。このようなレトリックは不整合構文と呼ばれている。不整合構文は、日本語として誤りであるという面と、日常的な文章なら拙いが文学的な文章の場合ならレトリック価値を考えてもよいというジャンル論的な面の両方の要素を持つと考えられる。

8.3　昭和な街角

　不整合構文以外にも文法的逸脱を利用したレトリックは存在する。次の(6)〜(9)を見てみよう。

(6) a.　昭和な街角
　　b.　ニューヨークなレストラン
(7)　　今日もひと歌いしてきました。

　(6)と(7)は、品詞の転換に関わるもの。(6)は、「昭和の街角」「ニューヨークのレストラン」と言えば通常の表現となる。「の」を「な」に変えることにより、上の語句は固有名詞ではなく形容詞的な性格を持つようになる。「昭和な街角」「ニューヨークなレストラン」というのは、「昭和」を彷彿させる性質を持った街角、「ニューヨーク」を彷彿させる性質を持ったレ

ストランという意味を持つ。このように固有名詞を形容詞的に転換させて使うのは文法的に見ればイレギュラーな使い方であろう。しかしながら、現実にはそのレトリック効果を利用するためにかなり頻繁に使われている。(7)は、動詞を名詞に転換させたもの。「ひと泳ぎする」「ひと眠りする」などは通常の表現であるが、このような構文をとらない「歌う」を強引に「ひと歌いする」と転換させることによって「ちょっと歌ってきた」という意味を伝えると同時にユーモラスな表現効果を出しているのである。

(8)a.　患者を生きる（新聞の連載タイトル）
　　b.　がんを生きる（書名）

「高齢化社会を生きる」のように、そこを活動の場として生活するという意味の通常の「〜を生きる」という表現に対して、(8)は、タイトルや書名などでよく見るレトリカルな表現である。この場合の「患者」「がん」は「患者としての人生」、「がんにかかった人生」を表すメトニミーになっていると考えられる。短い語句で印象的な表現になっているのが望ましいタイトル・書名などに適した表現であろう。

(9)　順風に帆をはらむ

(9)は国広哲弥著『日本語誤用・慣用小辞典』(1991年、講談社現代新書)において、「はっきり誤用といえる」のであるが、代換表現（普通の語順をひっくり返したり、ある語を普通の位置から別の位置に移し替えるレトリック）にもなっているとしてとりあげられているもの。この場合の「はらむ」は「風をうけてふくらむ」の意味であるから、通常なら「帆に順風をはらむ」となるところを、おそらくは「順風に帆をあげる」の連想から逆転させて用いていると考えられる。
　代換としてよくあげられるのは、次のような例である。

(10) A：おまえの姉さん、安室奈美恵に似てるね。
    B：いやあ、安室が姉ちゃんに似てるんだよ。

　通常は、より身近なものを主語とし、引き合いに出すもの(一般によく知られたもの)をニ格で表示するであろう。この場合、文中の二語の位置を交換し、両者の関係を常識と逆転させているのであるが、このような転換は日常の言語でもよく行われている。

8.4　若さが緊張でぎくしゃくしていた

　(11)は、読後に不思議な余韻を残す幸田文の名短編「黒い裾」からとったものである。幸田文はその文体において独自の位置づけをされる文学者で、通常の文法からは逸脱している、一見、奇妙な文を多用することで知られる[2]。(11)を通常の文に書き換えてみるとどのような表現になるだろうか。

(11) a. 十六という若さが緊張でぎくしゃくしていた。
　　 b. 母親の愚痴を封じて家を出て来たのだったが、出て来てみればやはりちぐはぐななりはもたついていた。
　　 c. カフスが紺の袖口に清潔だった。

　(11a)は、「十六と若かったので(千代は)緊張でぎくしゃくしていた」(千代は主人公の名前)、(11b)は、「(千代は)ちぐはぐななりをしてもたついていた」、(11c)は「紺の袖口にカフスがついているのが清潔だった」となろうか。(11a)と(11b)は、その人物を主語として表現するのが通常の表現であるのに、その人物の属性を主語としている。このような物・属性などを主語とする表現は、物主構文と呼ばれ、翻訳文などによく見られるとされている。上の例で言えば、表現を圧縮することでややぎこちない表現となっているが、その分「十六という若さ」「ちぐはぐななり」がよりくっきりと読者

に印象づけられる。(11c)においても同様で、通常とは異なる格関係の表示の仕方はぎこちなさを与えてはいるが、「カフス」を主語として表すことで、その清潔さがよりはっきり強調されているのである。

　以上に見てきたように、悪文や誤用とされている表現にはレトリックの観点から考えてみると興味深い例となっているものが多い。そのような観点でいろいろな日本語表現を見直してみれば新鮮な発見があるであろう。

注
1　岩淵悦太郎編著『第三版　悪文』(1989年、日本評論社)からの引用。
2　幸田文の文体的特質については、水藤新子(2005)「幸田文の文体―「感覚性」を支える文構成」『表現と文体』(中村明他編、明治書院)に詳しい。

【タスク】
A.　「昭和な街角」「ニューヨークな店」のように、「固有名詞＋な」を用いた表現を考えてみよう。

B.　以下の文章も幸田文「黒い裾」からの引用である。下線部を通常の表現に書き換えるとどのようなものになるか。また、このような表現をとることでどのような表現効果が得られているだろうか。

　　生活力の薄い男は、二年後、子供が生まれるころには所詮優秀な女房とうまく行けなくなった。互(たがい)に愛想をつかしながらも、愛想をつかしきれず未練が残っているから、文句ばかり云いあった。そして家産は傾き、生活に追われた。そうなると千代の性格が颯爽(さっそう)と起ちあがった。

第 9 章　間接的な言語表現と
　　　　　アイロニー

9.1　間接的な言語表現

　人にものを頼むときには、さまざまな言語形式がある。例えば、食卓の上の塩をとってもらう場合、次のような表現が考えられる。

（1）a.　そこの塩とって。
　　 b.　ちょっとこの料理、味が薄いね。

　(1a)のような直接的な言い方に比べ、(1b)はこのように発言することで相手に塩をとって自分に勧めてもらうことを期待している間接的な表現である。塩をとるくらいのことでは、このような間接的な表現はあまり必要ないのだが、はっきりと依頼することがためらわれる場合もあるであろう。

（2）a.　お金、貸してください。
　　 b.　ちょっと今、手元に持ち合わせがなくて。すぐお返しできると思うのですが。

　食事の後で、財布に支払い分の金額がなかった場合、(2a)のような直接的

な依頼ができるというのはよっぽど近い関係である。このような場合、むしろ(2b)のような間接的な表現をとることが普通であろう。

　以上のような依頼の表現に比べれば、それほど多く見られないものであるが、間接的な言語表現として、悪口を言っているととられないかたちで、その人物についての低い評価を述べる場合もある[1]。次の(3)が低い人物評価と解される場合、どのような意味を伝えていると考えられるか。

(3)a.　とにかくおとなしい人だから。
　　b.　とってもまじめな人だよね。
　　c.　彼女、いろいろとしっかりしてるんだよね。

　(3a)は覇気がなく人の言いなりになる人物、(3b)は頑なで柔軟性に欠ける人物、(3c)は自己中心的で他者の迷惑を顧みない人物に対する評価をそれぞれ婉曲的に表現しながらも悪口を言っているととられないように逃げ道を用意している。決して勧められる言語表現ではないのだが、実社会では必要悪としてよく用いられている。

9.2　ぼかし言葉

　物事をぼかして表現することも広い意味で間接的な表現に入る。例示を表す表現「とか」や他にも該当する要素があることを表す接尾辞的な表現「など」を用いてはっきりとした断定をさけることは日本語のなかでよく用いられてきた。

(4)a.　この近くには温泉とかボーリング場とかがあって、とても楽しいです。
　　b.　三人ほど手伝いがほしいのですが。

(4a)は、他に楽しめる場所の候補があれば問題なく例示表現として成り立つし、それが話し手の念頭になかったとしても、聞き手の方で他の候補もあるのだなと考えてくれるので、違和感を持たれない。(4b)は手伝いは三人と決まっているわけではないので、その前後の数でもよいですよ、という含みを持たせた表現である。いずれもぼかした表現ではあるが、文法的にも問題のない表現である。(5)のような例はどうであろうか。

(5)a. 明日とか映画とか行かない？
   b. 各自、テスト用紙を二枚ほど取ってください。

(5a)は、明日の映画に誘いたいことがはっきりしているのならば、奇妙な表現となる。また、(5b)もテスト用紙は各自二枚と決まっているのなら誤解を招きかねない表現である。しかしながら、断定を避けたいという心理が強く働く場合、これらも用いられてしまうことがある。このような表現は、日本語のなかでよく見かけるものであるが、とりわけ若者ことばの特徴ともされている。若者ことばは、「とか」を多用することをもって「とか弁」と呼ばれることもある。

9.3 アイロニー

間接的な言語表現のなかで、レトリックとして最もよくとりあげられるのはアイロニーであろう。表面的には、相手を攻撃しているととれない表現で、意図としてはそうすることができる複雑な言語技巧である[2]。

やや長くなるが次の表現を考えてみよう。よその家の庭に勝手に入り、花をむしるなどやりたい放題やる幼い息子(＝クイちゃん)がやはり勝手に入ったある家の庭で、木についていた毛虫をビニール袋一杯にとったという状況である。

（6）寺本さんというその家のおばさん自身はビニール袋の中で真っ黒い毛の固まりがもぞもぞ蠢(うごめ)いているのを見たときには卒倒しそうになったそうだけれど、それでも「毛虫の駆除がクイちゃんのおかげでできた」と言われた。　　　　　　　　　　　保坂和志『季節の記憶』

　主人公はそれを「思いもかけず感謝された」と受け取ったのだが、それを友人に話したところ、「寺本さん、皮肉屋で通っているんだよな」との答えが返ってきた。もし、寺本さんが、クイちゃんとその親を責めるつもりで言っていたとしても、いや、自分はほめただけですよ、と言い逃れできる。リスクを回避できるこのようなタイプを隠し型のアイロニーと呼ぼう。これに対して、明らかに相手にこちらが攻撃しているという意図が伝わるタイプのアイロニーもある。

（7）a．（ぐちゃぐちゃな部屋を見て）
　　　　君は整頓が上手だね。
　　 b．（負けてばかりのチームのファンに）
　　　　○○（そのチームの名前）って本当に強いですね。

　これらは、ネガティブな事実があるのが明らかな状況で、あえてその事実と反対のことを言っている。反対のことを言っていることが、明白に相手に伝わるので、話し手がアイロニーを使用していることも明白な例である。また、次のような例も考えてほしい。

（8）（親しい友人からお説教めいたことを言われムッとして）
　　　ご親切なご忠告、誠にありがとうございました。

　この場合、必ずしも事実と反対であることが明らかであるとは言えない。しかしながら、相手を攻撃していることが伝わるのは、なぜであろうか。親

しい間柄では普通用いられない、不自然な敬語が使用されているからであると考えられる。このような不自然なサインがなんらかの形で出されたときにも相手に話し手の意図が明白に伝わる、攻撃型のアイロニーとなる。また、次のような例も見てみよう。

（9） （就職活動中の二人の会話）
　　　A：あの会社なら、余裕だよな。
　　　B：へえー、「あの会社なら、余裕」ねえ。

　ここで、BがAのセリフを繰り返しているのは、相手の発言を確認するためではなく、明らかに不自然なものである。このような必要もない繰り返しを行ったときにも攻撃型のアイロニーとなる。他に攻撃型のアイロニーにはどのようなものがあるか、考えてみてほしい。

9.4　アイロニーと皮肉の違い

　前節で見たようなアイロニーは、いずれも皮肉という日本語にそのまま置き換えてもよいものである。しかしながら、次のような例はアイロニーの一種とされているのだが、皮肉とは言えない。

(10)a.　（妻のお手製の豪華な料理を見て、嬉しそうに）
　　　　また、無駄に手が込んでるね。
　　b.　（敬老の日に孫からお祝いをもらって、嬉しそうに）
　　　　年寄り扱いされちゃったな。

これらは偽悪型のアイロニーとされるもので[3]、親しい間柄の聞き手に向けて、照れ隠しのためなどに使われるものである。アイロニーは、このようなものも含め、発話の表面的な内容と実際の意図にずれがある場合を広く考えているが、皮肉には何らかの形で相手への攻撃性を持つという違いがあるのである。

注
1　このような表現に関しては、岡本真一郎(2005)「あいまい表現」、『ケーススタディ　日本語の表現』(多門靖容・半沢幹一編、おうふう)に詳しい。
2　アイロニーについての説明は、岡本真一郎(2005)「皮肉表現」、『ケーススタディ　日本語の表現』(多門靖容・半沢幹一編、おうふう)を参考にした。
3　偽悪型のアイロニーについては、河上誓作(1993)「発話行為とアイロニー」、『英語青年』、139 (5) に詳しい。

【タスク】
A.　頼みづらい頼みごとをする状況を設定し、その場合、あなたならどのような言語表現を用いるか考えてみよう。

B.　「皮肉」には、「皮肉なことに〜となった」という言い回しで使われる用法もある。このような言い回しが使われる状況と例文を考えてみよう。

第 10 章　ナガシマ語とケンポーV
―模擬と引喩―

10.1　ナガシマ語とケンポーV

　特徴的な話し方をする人物をまねるということはよくあることである。日本で最もよくまねをされたであろう人物の一人に対する秀逸な模写を以下に見てみよう。

（1）　ひとつ基本的な考え方として、ホープですか、希望といったね、そういう未来を望む的な形で、アン悲観的なね、そういった形のアレでいわゆる、ダイナミズムですね、それを大切にしながらトータルライフ的なオピニオンですか、それでもってセパ両リーグにまたがった形の、永久に不滅な側面をもまた、アクティブにトライしていくという姿勢がですね、結果的にひとつパーソナリティですか、そういうものに結びついていってしまうんですね。
　　　　　　　　　清水義範「いわゆるひとつのトータル的な長嶋節」

　センテンスの長さ、繰り返しの多さ、外来語の多用、「いわゆる」「ひとつの」などの特に必要のない語句の挿入といった長嶋茂雄の話し方の特徴を見事に捉えている。このような文章は広く「模擬」というレトリックと捉えら

れ知的な言語遊戯として好まれてきたものである。模擬のなかにはパロディとパスティシュという下位区分があり、混同して使われることも多いが、前者を滑稽さ・笑いを目的としたもの、後者を必ずしも笑いを目的とせず、言語技巧の冴えを読者に感心させるものと考えておく。

　(1)でその作品を引用した清水義範はパスティシュの巨匠とされるが、その作品のなかには、思わずくすりとしてしまうものも多く、パロディとパスティシュは必ずしも明確に区切ることができない。

　著者の考えでは、清水義範の数多くの作品のなかでも、日本国憲法前文をさまざまな形態で書き換えた「二十一の異なるバージョンによる前文」(『騙し絵日本国憲法』所収)が最高傑作であると思われる。憲法前文の固くてややくどい文章を素材に、「6 実演販売」、「8 マニュアルブック」、東海林さだおのエッセイ風の「13 憲法の丸かじり」、ダウンタウン松本人志の著書を模した「15 遺書」などさまざまな模擬技巧を尽くした後のトリとして出された「21 ケンポーV」の妙技を味わってもらおう。

(2)　21 ケンポーV
　　　効能・効果
　　敗戦後の混乱期の自信喪失、目的喪失、脱力感などを緩和し、自国の安全と、秩序の回復、誇りの回復などを助けます。
　　また、国家機構の安定、平和の維持、人権の確立を促し、無力感、自暴自棄、貧困、不平等、目の充血、かぶれ、ただれ、もたれなどの状態を緩和します。ただし、これらの症状について五十年ほど使用しても改善がみられない場合は、国連またはアメリカ合衆国に相談してください。
　　用法・用量
　　成人(二十歳以上)一回三条を、一日二回朝夕に読用する。
　　成分(前文中)

主権在民……………………………………………三八mg
戦争放棄……………………………………………五二mg
民主主義……………………………………………二〇mg
諸国民への信頼………………………………………三一mg
生存権の確認……………………………………………九mg
各国の正義心への依存………………………………六五mg
誓い…………………………………………………………四mg
じゃこうエキス………………………………………適量
無意味な重複…………………………………………多量
直訳的な文体…………………………………………適宜

ご注意
- 小児と軍国主義者の手の届かない所に保管してください。
- 適用に関しては、添付本文をよく読んで下さい。
- 直射日光をさけ、なるべく人目につかない薄暗いところに、密封して保管して下さい。
- 本憲法は使用期限表示品です、表示の期限内に使用して下さい。
- 本憲法は解釈によりどうにでもねじまげられますのでご注意下さい。

　「ケンポーV」のように「カタカナ表記＋ローマ数字」といかにも薬らしい名前にした上で、薬の効能書きのスタイルに憲法前文を変容させている。このような大胆な組み換えにも驚くのだが、「無意味な重複　多量」といった笑いを誘うポイントもあり、パロディとしてとってもパスティシュとしてとっても興味深いものである。

　このレトリックの巨匠清水義範の作品はまだまだ紹介したいのであるが、別の作者による例を見てみよう。バスの中のソフト帽をかぶった若い男。他の乗客に押されたの何のと腹を立てている。席が空いたのを見てあわてて座

りにいく……といった何の変哲もない状況をおよそ百の異なる文体で描き分けた見事な作品とその名訳である。原文では「語尾音付加」という表題のパスティシュとして、意味のない音を付け加えていたのだが、その代わりに語尾の母音を伸ばしてみたところ「女子高生」となってしまったのであるという。

（3） 女子高生
　　　ねえねえぇ、この前さぁ、お昼にぃ、バスとかのぉ、うしろのぉ、デッキでぇ、変なやつをぉ、見たんだけどぉ、首がぁ、すっごい長くてぇ、帽子とかにぃ、編み紐みたいのをぉ、巻いてんのぉ。むかつくじゃんん。そしたらぁ、そいつがぁ、隣のぉ、やつにぃ、足を踏んだとかぁ、ぐちゃぐちゃぁ、言ってんだけどぉ、でもぉ、やっぱしぃ、席とかがぁ、あいたらぁ、そっちにぃ、行っちゃうわけぇ。
　　　　　　　　　　　　　　レーモン・クノー『文体練習』（朝比奈弘治訳）

10.2　引喩と本歌取り

　引喩（暗示引用）と呼ばれるレトリックもあり、引用していることを明記することなく、ことわざや名言、他の作品や周知の事件などを示唆する表現法と規定される。素朴なものでは、「今度の試合が関ヶ原だ」「天王山はまだまだ遠い」などの表現で、歴史的な事実を参照する表現などもあげられる。(4)に類例をあげるが、どのような歴史的な事実を参照してどんなことを言おうとしているのだろうか。

（4）a.　ルビコン川を渡る
　　 b.　小田原評定(ひょうじょう)
　　 c.　松阪の一夜
　　 d.　四面楚歌

(4a)は、「(成功のために)思い切った決断をすること」の意で用いられる。カエサルが、この川を渡ってローマに進軍し、政権を握ったことにちなむ。(4b)は、「いつまでたっても結論のでない会議や相談」のこと。小田原城が豊臣秀吉に攻められたとき、降伏か抗戦かの評定(集まって相談すること)が長引いていつまでも決断できなかったことから。(4c)は、「運命を変えるような師との語らい」。本居宣長が師として慕う賀茂真淵と生涯一度だけ松阪で会って語らった故事から。(4d)は、「まわりが敵ばかりで孤立無援の状態」。楚の項羽が四方を囲む漢の軍の中に楚の歌を聞き、味方もすでに漢に下ってしまったのかと嘆いた故事からである。

　10.1でとりあげた模擬もまた他の作品や作風などについて引用していることを明記しない形で示唆しているので、その下位区分となる。模擬ではない引喩として日本古来のレトリックである本歌取りがよくあげられる。本歌取りとは、「ある特定の古歌の表現をふまえたことを読者に明示し、なおかつ新しさが感じ取られるように歌を詠むこと」(渡部泰明著『和歌とは何か』(2009年、岩波新書))と規定される。同書の説明をもとにして、次の二首の和歌を見てみよう。

(5) a. 苦しくも降りくる雨か三輪の崎佐野の渡りに家もあらなくに

『万葉集』265

　　(うんざりだな、この土砂降りには。この三輪の崎の佐野の渡し場には家もないというのに。)

　b. 駒とめて袖うちはらふ陰もなし佐野の渡りの雪の夕暮

『新古今和歌集』671

　　(私の上に降る雪を馬を止め袖で払い落そうにも物陰すらない。ここは佐野の渡し場の雪の中の夕暮れである。)

　(5a)と(5b)の共通点は何であろうか。佐野の渡し場を舞台にした旅のなかの苦難、と答えることができるであろう。(5b)の歌は(5a)の歌から舞台

と主題を引き継いでいると言えるし、(5b)の歌を読んだとき、和歌に詳しい者は(5a)の歌をすぐに思いつくことができそうだ。それでは、(5a)にはない(5b)の新しい発想とはどのようなものか。土砂降りと雪、同じ悪天候のなかの困窮といっても前者は動、後者は静と好対照をなすものである。(5b)の歌から(5a)の歌を想起し、その二つの対照も味わえるというのが、本歌取りの技巧の妙と言ってもよいであろう。

【タスク】

A. 次の表現は、どのような歴史的事実(または言い伝え)をもとにどのようなことを言おうしているのか、考えてみよう。
 ・社長は、部下たちの対立を前に洞ヶ峠を決め込んでいる。
 ・彼の発見はまさにコロンブスの卵だった。

B. 次のbの歌はaの歌を本歌取りしたものである。共通部分とbの新しさを指摘しなさい。
 a. 足引きの山鳥の尾のしだり尾の長々し夜をひとりかも寝む
 (柿本人麻呂)
 b. ひとり寝る山鳥の尾のしだり尾に霜おきまよふ床の月影
 (藤原定家)

C. 10.1を参考に何らかのジャンルに属する文章を別のジャンルに属する文章に転換させてみよう。

第 11 章　詭弁を見抜く
　　　　　詭弁を操る
―弁論術とレトリック―

11.1　レトリックの二つの側面

　古代ギリシャに淵源を持つレトリックは、当初より説得効果と美的効果の双方を言語に与える技術として発展してきた。また、話し言葉・コミュニケーションの技術としての弁論術をその中核としながらも、書き言葉の技術である修辞学・詩学とも密接に関わっていた。説得効果の言語技術と美的効果の言語技術は相互に入り組んでおり、古典レトリックの大成者であるアリストテレスの『弁論術』にもその両面を見ることができる。例えば、「明瞭さと快さと斬新さ」を与えるものとしての比喩の役割を強調していることは、同じくアリストテレス『詩学』においてと同様である。

　今までの章では、レトリックの修辞学的な側面を中心に見てきた。本章では、その弁論術的な側面を見てみよう。弁論術とは古代ギリシャで成立し、民政期のローマで発展した言語技術である。アテネにおいて、ソフィストたちの活躍により弁論術は進展していったが、ともすれば真理を離れ、言いくるめるための技術に堕落しがちな点から哲学者プラトンの痛烈な批判を浴びた。しかしながら、弁論術は、そのプラトンの弟子アリストテレスによって大成するにいたる。アリストテレスによって大成された弁論術はローマに移入され、展開していった。なかでもキケローは、弁論家としても弁論術の大

成者としても名高い。弁論術はその後、西洋文明のなかで衰退していき〈発想〉（どのように論点を形成するか）・〈配列〉（どのように並べるか）・〈文体〉（どのような言葉を使うか）・〈記憶〉（いかにして弁論を記憶するか）・〈発表〉（どのように口演するか）という五部門のうち、〈文体〉のみが修辞学と姿を変え生き残ることになったが、近年、言語技術として再び注目を集めてきており、日本においても、国語教育に生かされる途が探られている。

11.2　アリストテレス『弁論術』

　古代ギリシャにおける弁論術の達成形態として、アリストテレス『弁論術』の内容を以下に見る。そこでは、説得の方法としての技術が体系化された形で論じられている。弁論術は、どんな問題でもそれぞれについて可能な説得の方法を見つけ出す能力とされ、何ごとかを勧めたり思いとどまらせたりする「議会弁論」・人を賞賛したり非難したりする「演説的弁論」・告訴したり弁明したりする「法廷弁論」に分けて説明されている。説得手段としては、例証によるもの、格言によるもの、説得推論によるものといった言語的なものの他に、話者の人柄によるものや聴き手の感情に訴えかけることなどがあげられている。特に説得推論については多くの形式について詳細に論じられている。また、弁論に関して手がけられるべき研究として説得手段の他に表現方法と配列があげられ、表現方法には、明瞭さ・適切さ・比喩などの他に演技なども含められている。

　アリストテレスの『弁論術』というと、いかめしくとっつきにくい書物のように感じられるが、今日の我々が読んでも興味深いポイントを多く含んでいる。なかでも「説得推論のトポス（論点）」というセクションは面白い。例えば、「結論が比例関係によって導かれることによる」トポスの例としてあげられているのは次のものである[1]。

（１）　イピクラテスが、彼の息子は所定の年齢より若いのに、身体が大きい

という理由で国家への奉仕を強要された時、子供でも身体の大きいものは成人と見なされるのであれば、成人でも身体の小さい者は子供であると票決されるべきであろう、と言ったのがその例である。

また、「自分に対して言われた言葉を、言った者に向け返すことによる」というトポスもある。こちらも登場人物はイピクラテスである。アリストポンから、金銭を貰って艦隊を裏切るのかと指弾を受けての台詞。

（2）　イピクラテスはアリストポンに向かって「君は金銭を貰って艦隊を裏切ることができるか」と尋ねた。アリストポンがそれを否定すると、彼はすぐにやり返して言った。「君はアリストポンだから裏切ることはないが、しかし私は、イピクラテスだから裏切るだろう、というのか」

もう一つ「帰納に基づくもの」というトポスをあげる。次の二例がここではあげられる。帰納とは個々の具体的な事実から共通点を探って一般的な法則を導き出すことであるが、以下の例はそれが十分になされているだろうか。

（3）　子供のことでどんな場合にも本当のことを確定できるのは、婦人たちである。なぜなら、子供が誰の子かという真相については、アテナイでは、弁論家マンティアヌスがその息子と法廷で争っていた時に、息子の母親が明らかにしてみせしし、他方テバイにおいては、イスメニアスとスティルボンが子供のことで争っていた時、ドドメの婦人が、その息子はイスメニアスの子であることを証明し、これによって人々はテッタリコスをイスメニアスの子として認めたからである。

（4）　人々は、他人の馬の世話が悪い人間に自分たちの馬を委せはしないし、また、他人の船を転覆させた人に自分の船を委せることもない。

もしそうだとすると、何ごとにつけてもこれは同じであるなら、他人の安全をよく守ることのできない人を、自分の身の安全のために用いるべきではない。

　上にあげたような説得術は詭弁ともとられかねないものである。実際、弁論術の初期の担い手であったソフィストたちの言語技術は、詭弁と結びつけられるものであった。アリストテレス自身は、ソフィストたちの詭弁を鋭く批判したにもかかわらずではあるが。しかしながら、今日では詭弁を生きた言語活動として捉える向きもある。次節では、そのような観点から詭弁について見てみよう。

11.3　詭弁を見抜く　詭弁を操る

　次の(5)〜(7)は、小野田博一著『正論なのに説得力のない人ムチャクチャでも絶対に議論に勝つ人―正々堂々の詭弁術』(2004年、日本実業出版社)で例示された詭弁の例である。ここで言われていることの無理をどのようにとがめたらよいであろうか。簡単な順に並べる。

（5）　寮に入るの？　じゃあ、三人部屋がいいよ。素晴らしいルームメート二人に会える可能性があるからね。

（6）　人体には自然治癒力があります。だから、傷はほうっておいても治ります。

（7）　A：濃い紅茶を飲んだのにまだ眠いなあ。
　　　B：そりゃそうだよ。濃い紅茶は睡眠の代わりにならないから。

　(5)について、四人以上の部屋ならもっとたくさんの「素晴らしいルーム

メート」に会える可能性もある。また、「嫌なルームメート」に会う可能性もあるのだから、二人以下の部屋ならそのリスクを避けられる。(6)の前文と後文は言い方を変えただけ。前文は後文の理由付けになっていない。(7)について、「濃い紅茶は睡眠の代わりにならない」こと自体はもっともらしいので、つい納得してしまうが、「濃い紅茶は眠りを妨げる成分が多く入っている」ということの否定にはなっていない。このような詭弁は日常生活にあふれている。その言い分の無理を指摘できないとおかしな議論にも説得されてしまうことになるので要注意である。しかしながら、詭弁が効能を持つ場合もある。次の例を考えてみよう。

(8) (会場に行く途中で交通事故に巻き込まれて、楽しみにしていたサッカーの試合を見られなかった友人に)
被害が試合を見られなかっただけで済んで君は幸せだよ。運が悪かったら大けがをしてたところだったんだから。

これも明らかに無理のある言い分であるが、相手のことを思いやった表現としてなら受け入れることもできるであろう。また、宣伝文句にも詭弁は利用される。設備が貧弱で、料金が安いスポーツクラブがあったとしよう。おそらく、そのスポーツクラブは次のように述べるはず。都合の悪いことを前半に持ってくることと料金の安いことの理由付けに使うことによって巧妙にそれを覆い隠している。

(9) 当店は無駄な設備に投資せず、その分お値段をお安くしております。

11.4 『虞美人草』の詭弁

最後に、詭弁が文学作品のなかに登場した興味深い例を見てみよう。夏目漱石『虞美人草』の冒頭の場面、山歩きをしていた宗近君と甲野さんだが、

甲野さんが疲れ切り気分が悪くなってしまった。心配する宗近君に対して余計なお世話だと言い放ったところ。誰の発話かを会話文の前に記す。

(10)　宗近「君は愛嬌のない男だね」
　　　甲野「君は愛嬌の定義を知ってるかい」
　　　宗近「何のかのと云って、一分でも余計動かずにいようと云う算段だな。怪しからん男だ」
　　　甲野「愛嬌と云うのはね、——自分より強いものを斃す柔かい武器だよ」
　　　宗近「それじゃ無愛想は自分より弱いものを、扱き使う鋭利なる武器だろう」
　　　甲野「そんな論理があるものか。動こうとすればこそ愛嬌も必要になる。動けば反吐を吐くと知った人間に愛嬌が入るものか」
　　　宗近「いやに詭弁を弄するね。そんなら僕は御先へご免こうむるぜ。いいか」

　宗近君は、甲野さんの発言のどこを「詭弁」だと感じたのだろうか。心配してくれる相手に対して無愛想な態度をとり、「愛嬌がない」と非難されると、愛嬌の定義を勝手に決め、今の自分には必要もないものだと言いつくろう。宗近君ならずとも「御先へご免こうむるぜ」と言いたくなるであろう。

注
1　以下(1)〜(4)の訳文は、アリストテレス(戸塚七郎訳)『弁論術』(1992年、岩波文庫)による。

【タスク】
A. 次の詭弁は何がおかしいのか考えてみよう。
　実は A 型の男性の方が、AB 型の男性よりも離婚件数が多いんだ。だからあの男とは結婚しない方がよい。

B. 相手のことを思いやった詭弁の例を考えてみよう。

第 12 章　クラムボンは
　　　　　かぷかぷわらったよ
　　　　　―オノマトペの世界―

12.1　オノマトペ

　オノマトペは擬音語と擬態語の総称として用いられる。現実世界にある音を言語音でなぞらえて表現したのが擬音語、動きや状態を音のイメージで表現したのが擬態語であるから、メタファーと同様にその背後には類似性があり、音喩あるいは声喩と表現されることもある。

　擬音語の場合、現実世界の音とはもちろん違う音であるから、言語によって異なる捉え方がなされることがある。鶏の鳴き声を日本語ではコケコッコー、英語ではコッカドゥードゥルドゥー、フランス語ではココリコというのがよくとりあげられる例である。また、表現者によって独特な形式が選ばれることもある。(1)の石川啄木の短歌である。空欄にはどのようなオノマトペが入るだろうか。

（1）　（　　　　　　　　）と
　　　雨滴(あまだれ)が
　　　痛む頭にひびくかなしさ

　雨だれといえば、「ぽつんぽつん」などがまず思いつくが、正解は「たん

たらたらたんたらたら」。啄木の耳にはそのように聞こえていたのだろうか。

擬態語の場合、表現される動きや様子と音のイメージの間のつながりを明確に説明できるものからそうでないものまで広がりがある。心臓の鼓動の音からの連想で発生したと思われる「どきどき」が緊張しているさまを表すのは前者であり、幼子の歩き方がおぼつかないことを表す「よちよち」は後者であろう。しかしながら、後者の場合であっても日本語のなかで、その音の組み合わせは、あるパターンで使われることが固定化されていることが多い。「よ○よ○」というパターンの擬態語は、「よちよち」「よろよろ」「よたよた」「よぼよぼ」、いずれも動きがスムーズでないさまを表している。

次節では、オノマトペの型とその持つ意味との組み合わせがはっきりしているものを整理してみよう。

12.2　オノマトペの形と意味

オノマトペの語形について整理してみると、基本的には次の5タイプに分けられる。主な意味的な傾向と合わせて述べる。

1. 「どたっ」のように促音で終わるタイプ
   すばやい動きや一瞬の変化を表す擬態語に多い。「かちっ」「ぴかっ」など。
2. 「どたり」のように「り」で終わるタイプ
   ゆっくりとした動きや状態などを表す擬態語に多い。「のそり」「ゆらり」「すらり」など。
3. 「どたん」のように撥音で終わるタイプ
   共鳴音(物と物がぶつかって発する音)を表す擬音語や勢いのよい動きを表す擬態語に多い。「かちん」「ぐーん」など。
4. 「どたどた」のように繰り返しのタイプ
   繰り返される音を表す擬音語、繰り返される動きを表す擬態語や複数性

を持った状態を表す擬態語に多い。「ぱちぱち」「くねくね」「ぎざぎざ」など。
5．「きー」型のように長音で終わるタイプ
　　長い音を表す擬音語に多い。「ぴー」「かー」など。

　このような型とは別に、清音と濁音は音のイメージの違いがはっきりしており、ペアで考えてみると興味深い。光る・輝くさまを表す「きらきら」と「ぎらぎら」、物の動くさまを表す「するする」と「ずるずる」ではそれぞれどのような違いがあるだろうか。例文を作って考えてみよう。
　「きらきら」は、「星がきらきらと輝く」という例文が示すように美しく光るさまを表すと考えられる。これに対して、「ぎらぎら」は「太陽がぎらぎらと照りつける」のように強く光るさまを表す。
　「するする」は、「国旗がするすると昇っていった」のように軽快な動きを表すのに対し、「ずるずる」は、「重い綱をずるずるとひきずった」のように重い動きを表す。
　清音によるオノマトペと濁音によるオノマトペはこのように対をなしている。他にも「汗がたらたら流れる」「汗がだらだら流れる」の対に見られるように量的な大小を表す場合もある。
　以上をうけて、次の練習問題を解いてみよう。空欄に入るオノマトペとしてはどちらが適切だろうか。

(2) a.　水面が(きらきら、きらっと)光っている。
　　 b.　とんびが(くるくる、くるりと)輪を一つかいた。
　　 c.　(ジャーと、ジャンと)トイレの水が流れる音がした。
　　 d.　太鼓の(トントン、ドンドン)という音が腹に響いてきた。

　(2a)のような状態を表すときは、繰り返しの形である「きらきら」が使われる。逆に、(2b)のように一回の動作を表す場合は、「り」の形や促音の形

がふさわしい。(2c)、水の流れる音は何かがぶつかった音ではないので、長音の形の「ジャー」が適切である。腹に響くような重い音には、濁音を用いた「ドンドン」の方がよいであろう。

12.3　クラムボンはかぷかぷわらったよ

　オノマトペを最も多用した文学者は、宮沢賢治であろう。ただ多く使っただけでなく、通常の形を巧みに変形し新たなオノマトペを数多く創りあげている。ここでは、掌編「やまなし」に見られる二つの印象的なオノマトペをとりあげる。

　「やまなし」は、川の底に棲む兄弟の蟹とその父親の目から見た世界が透明感あふれる文章で描かれ、「五月」と「十二月」の二部から構成されている。「五月」は次のような出だしで始まる。

（3）　二疋(ひき)の蟹の子供らが青じろい水の底で話していました。
　　　『クラムボンはわらったよ。』
　　　『クラムボンはかぷかぷわらったよ』
　　　『クラムボンは跳(は)てわらったよ』
　　　『クラムボンはかぷかぷわらったよ』

　正体不明のクラムボンなる生命体であるが、「かぷかぷ」というオノマトペがその様子を表すのに使われている。「かぷかぷ」は「ぷかぷか」の音を入れ替えたもので、宮沢賢治はこのような変形をよく行う。「ぷかぷか」は言うまでもなく、軽いものが水に浮かんでいるさまを表すので、水面に浮かぶクラムボンの動きを小蟹の眼からユーモラスに描くのにこのような造語を行ったのではないだろうか。

　「十二月」の部には(4)のような印象的なオノマトペが使われている。

（4） そのとき、トブン。黒い円い大きなものが、天井から落ちてずうっとしずんでまた上へのぼって行きました。

　この黒い円い大きなものを蟹の兄弟は、「五月」で魚を殺したカワセミ（川辺に住むスズメよりやや大きいサイズの鳥）ではないかと恐れる。父蟹がなだめて教えているように、それはいい匂いのするやまなし（山梨）であったわけなのだが、「ドブン」ではなく「トブン」というオノマトペの変形にはどのような効果が表れているだろうか。前節で見たように、オノマトペの清音と濁音は「軽－重」という意味的な対をなすことがある。鋭いくちばしを持ち、激しく川面に入るカワセミ（「青びかりのまるでぎらぎらする鉄砲玉のようなもの」と「五月」で描写している）なら「トブン」のような軽い動きを示すオノマトペを創り出して賢治が描写することはなかったであろう。蟹の兄弟が恐れる必要は最初からなかったのである。

【タスク】

A. 笑い声を表すオノマトペをあげ、それぞれに使われている母音と笑い方の様子がどのように対応しているか、考えてみよう。

B. 「ころっ」「ころり」「ころん」「ころころ」「ごろっ」「ごろり」「ごろん」「ごろごろ」それぞれが使われている例文を作り、どのような意味の違いがあるか考えてみよう。

C. 宮沢賢治の童話を一つとりあげ、どのようなオノマトペが使われているか、それが通常の形や意味とずれている場合に注意して整理してみよう。

第 13 章　へたなしゃれは やめなしゃれ
―言葉遊びとレトリック―

13.1　へたなしゃれはやめなしゃれ

　言葉遊びのなかにはレトリックの一部と考えられたり、密接な関係を持つと見られたりするものがある。本章では、そのような言葉遊びを紹介していこう。まずは、似たような音を持つ二つの言葉を重ね合わせる技巧(類音接近と言われることもある)である「しゃれ」「地口」「語呂合わせ」「掛詞」について、『岩波国語辞典(第 8 版)』に興味深い用例とともに説明がなされているので、以下に見ていこう。

しゃれ
　(言葉の同音を利用して)人を笑わせる、気の利いた文句。例、「へたなしゃれはやめなしゃれ」の最後の部分が「なされ」とかけてある類。

地口(じぐち)
　ことわざ・成句と似た発音の文句を作って言うしゃれ。例、「門前の小僧」に対する「温泉の保養」。

語呂合わせ
: 成句に音が似ていて意味の異なる新しい別の句を作る、言葉のしゃれ。地口。例、「猫に小判」に対して「下戸に御飯」。

掛詞
: 修辞法の一つ。同音の言葉一つに二つ以上の意味を持たせたもの。「逢ふことは雲居はるかになる神の音にききつつ」(古今集)の「なる」が「成る」と「鳴る」にかけてある類。

このように見ると、人を笑わせることを目的とした「しゃれ」グループ(「しゃれ」「地口」「語呂合わせ」)と主として和歌などの韻文で用いられる「掛詞」に分けられることがわかる。ただし、「語呂合わせ」は、もう少し広い意味で用いられることもあり、電話番号や年号などの数字を言葉で意味づけするような場合もある。

(1) a. 伊東にいくならハトヤ　電話は良い風呂(4126)　　　　ハトヤのCM
　　b. 鳴くよ(794)うぐいす平安京　　　　　　　　　　　　平安京遷都
　　c. イチゴパンツ(1582)の本能寺　　　　　　　　　　　本能寺の変
　　d. ひとよひとよに人見頃(1.41421356)　　　　　　　　$\sqrt{2}$
　　e. ひとなみにおごれや(1.7320508)　　　　　　　　　 $\sqrt{3}$
　　f. 富士山麓オウム鳴く(2.2360679)　　　　　　　　　 $\sqrt{5}$

他にも、シベリア出兵(1918年)、$\sqrt{8}$(2.828427)など簡単に語呂合わせが思いつくであろう。自分で考えてみよう。

13.2　ことばあそびうた

谷川俊太郎の有名な詩集に『ことばあそびうた』というものがある。以下

はそのなかでも有名な一編の一部。

(2) 　いるかいないか
　　　いないかいるか
　　　いないいないいるか
　　　いつならいるか
　　　よるならいるか
　　　またきてみるか

　ここでは動物のイルカと存在しているかを問う「いるか」の同音性が巧みに用いられているのであるが、文末をすべて「か」で統一しているところにも技巧が見られる。谷川の『ことばあそびうた』からもう一編、「たそがれ」という詩の一部を以下にあげる。

(3) 　たそがれくさかれ
　　　ほしひかれ
　　　よかれあしかれ
　　　せがれをしかれ

　ここではすべて文末を「れ」で終えている。このように同じ音を繰り返すこと(同音反復)もレトリックの一種として捉えられることがある。またまた『ことばあそびうた』から。

(4) 　はなのののの はな
　　　はなのなな あに
　　　なずななのはな
　　　なもないのばな

ここでは「な」と「の」が反復されている。しかも両方とも子音はnであるので一層反復性が強い。ところで、この詩の一行目、意味はとれたであろうか。

13.3 折句

伊勢物語のなかの有名な一節を以下に引用する。

（5） その沢にかきつばたいとおもしろく咲きたり。それを見て、ある人のいはく、「かきつばたといふ五文字を句の上にすゑて、旅の心をよめ」といひければ、よめる。

　　　　から衣　きつつなれにし　つましあれば
　　　　　　　はるばるきぬる　たびをしぞおもふ

とよめりければ、皆人、乾飯(かれいひ)のうへに涙おとしてほとびにけり。

和歌の各句の最初の一文字をつなげると「かきつはた」となる。このような言語技巧のことを折句(アクロスティック)といい、古くから用いられてきた。以下は、徒然草の著者、兼好法師と友人の頓阿法師の和歌のやりとり。

（6）　夜もすずし　寝ざめのかりほ　たまくらも
　　　　　　真袖の秋に　へだてなきかぜ

　　　　夜も憂し　ねたくわがせこ　はてはこず
　　　　　　なほざりにだに　しばし訪(と)ひませ

ここにはどのような折句が読み込まれているか、考えてみよう。解答は章

末に記す。

13.4　アナグラムと尻取り

　泡坂妻夫という推理作家がいた。彼の本名は厚川昌夫。「あつかわまさお」をならべかえるとペンネームの「あわさかつまお」となる。その作風と同じく、洒落た名付け方である。このようにある言葉をならべかえて、まったく別のことばにしてしまうことをアナグラムという。一つ練習。「松田聖子（まつだせいこ）」をならべかえて文章にしてみよう。

　桑原茂夫『ことば遊び百科』(1982年、筑摩書房)であげられている例、「飽きた花すてた」をならべかえてみると、「あなたはすてきだ」となるとされる。この場合、清濁の違いは無視されているが、日本語の言葉遊びではこのような例は多い。「言葉遊びの王者」尻取りにおいても、人によっては、清濁の違いは無視して、「ランニング」→「くり」のように続けるであろう。ちなみに著者が、勤務先の授業でとったアンケートでは、「「ランニング」のように濁音で終わる語のあと、清音で続けることを許容しますか。」という質問に対して、「許容する・48名、許容しない・67名、その他・3名」という結果であった。また「「汽車」のように拗音で終わる語のあと、どのように続けますか。具体例を書いて説明してください。」という質問に対しては、「「や」で続ける・50名、「しゃ」で続ける・58名、「あ」で続ける・2名、その他・9名」という結果であった。みなさんの「マイルール」はどのようなものだろうか。尻取りは語単位でなく文章や歌などでも行われ、日本語の言葉遊びを代表するものであることは間違いない。頭の体操にもなるので、使ってよい語のジャンルを決めたり、使う音数を決めるなどして負荷をかけた制限尻取りを時間があるときにやってみてほしい。

13.5 文字遊び

　漢字本来の意味とは関係なく文字構成を分解して、別の意味に読み替えるような文字遊び(字喩)は日本語のなかでさかんに行われている。例えば、吉野弘の次の詩は、「静」という漢字を分解し、思わぬ方向に読む者の目を向けている。

（7）　青空を仰いでごらん。
　　　青が争っている。
　　　あのひしめきが
　　　静かさというもの。

　このような文学的なものでなくとも、日常の言葉のなかに字喩は入り込んでいる。ある年齢になったときの祝いには喜寿(77歳)、傘寿(80歳)、米寿(88歳)、卒寿(90歳)、白寿(99歳)などがあるが、「喜」の草書体が「㐂」、「傘」の略字体が「仐」、米を分解すると「八十八」、「卒」の略字体が「卆」、「白」は「百」に「一」足りないといった字形からきている。

【タスク】

A.　「さくら」で始まり「けやき」で終わる、全部で10語の尻取りを作成してみよう。

B.　折句(アクロスティック)とアナグラムの例をそれぞれ作成してみよう。

※(6)の折句　△は反対から読む
　㋵もすず△し　㋵ざめのかり△ほ　㋟まくら△も
　　　㋮袖の秋△に　△へだてなか△ぜ
（米たまへ、銭もほし）

　㋵るも憂△し　㋵たくわがせ△こ　㋶てはこ△ず
　　　㋯ほざりにだ△に　△しばし訪ひま△せ
（米はなし、銭少し）

　このように上下両方で折句となっているものを沓冠（くつこうぶり）と呼ぶ。

第 14 章　コシヒカリと夢の華
―ネーミングとレトリック―

14.1　表示性と表現性

　この章では、さまざまな分野のネーミングについてレトリックとの関わりを見ていく。まずは、ネーミング論の基本を押さえよう[1]。

　ペットの犬の名前としては、どのようなものが考えられるか。「シロ」「ポチ」「タロ」などは平凡でいかにもペットの犬らしい名前であろう。このような場合、命名における表示性(そのカテゴリーの属性・そのカテゴリーらしさ)が高いと考えられる。「アリストテレス」「ドラゴン」「スター」などの場合は、ちょっと変わった名前として印象に残る。この場合、命名における表現性(そのカテゴリーのなかでの独自性)が高いと考えられる。われわれの命名(名付け)は「表示性」と「表現性」のバランスを考えながら行われている。犬に「イヌ」という名前をつければ、表示性は限りなく高くなるが、他の犬との区別がつけられないし、逆に、「黒板」とか「消火器」という名前

をもしつけてしまったとしたら、表現性が限りなく高くなることと引き替えに飼い主の常識が疑われてしまう。ここで述べた表示性と表現性を別の分野のネーミングで確認しておこう。次の表は、いずれも雑誌のタイトルである。表示性が高いと考えられるもの、表現性が高いと考えられるものはそれぞれどれであろうか。

住宅情報
就職ジャーナル
いい旅みつけた(旅行情報誌)
ほしいリゾート(リゾート物件情報誌)
ケイコとマナブ(スクール情報誌)
ダ・ヴィンチ(読書情報誌)
ゼクシィ(結婚情報誌)
ガテン(ブルーカラー向け求人情報誌)

「住宅情報」「就職ジャーナル」は、雑誌名一般としてもその雑誌の特性としても表示性が高い。「ほしいリゾート」「いい旅みつけた」は雑誌名一般としては表現性が高いが、その雑誌の特性の点では表示性が高いといえる。「ケイコとマナブ」「ガテン」「ゼクシィ」「ダ・ヴィンチ」などはどちらの点でも表現性が高い。「ケイコとマナブ」は擬人化ネーミングでもあり、「稽古」と「学ぶ」という意味を掛けていると考えれば掛詞ネーミングでもある。「ガテン」は音の響きから言ってもオノマトペネーミングであるといえる。「ゼクシィ」は男女の染色体をかけあわせた「XXXY」からとられたネーミングで、結婚と男女の結びつきの連想を利用したものである。「ダ・ヴィンチ」はイメージネーミング。これについては次節に見る。

14.2 ネーミングとメタファー

「ダ・ヴィンチ」などはイメージネーミングとされるもので、メタファーに近いけれどメタファーではないものである。これに関しては、(1)に見る、岩永嘉弘著『すべてはネーミング』(2002年、光文社新書)の一節をもとにして説明する。

(1) 　続いて形容が絶妙なネーミングです。直喩としては森永製菓のチョコレート「小枝」。隠喩(イメージ喚起)ではカゴメの野菜ジュース「朝市」に、岡山の「トマト銀行」をあげておきましょう。

　この二種のネーミング方法の違いを捉えた点は慧眼と言えるが、チョコレート菓子の「小枝」は、木の小枝との類似性から名付けられたものであり、この場合「のようなもの」のように類似性を示す標識がないのでシミリー(直喩)ではなくメタファー(隠喩)と考えるべきである。また、野菜ジュースに「朝市」、銀行に「トマト」というのは、類似性をもとにしているというよりも引用文にあるように「イメージ喚起」を狙ってつけられているのでメタファーではなくイメージネーミングとでも呼ぶべきものである。結果的に、物と名前の間に何らかのつながりが考えられるので、メタファーとは全く異質のものではなく、広くレトリックの一つとして考えておこう。

　1989年の「トマト銀行」誕生は日本語のネーミング史上で一つの事件で、それまでの「三菱銀行」「東京銀行」「第一勧業銀行」などの堅いネーミングとは一線を画した表現性のきわめて高いネーミングであった。表現性の高いネーミングでもそれが定着するとある程度の表示性を獲得し、その後「さくら銀行」「みずほ銀行」「りそな銀行」などネーミングにおける追随者を生むことになる。

　イメージ喚起を用いたネーミングとして興味深い分野に米の名前がある。「錦」「光」といったイメージを用いた「コシヒカリ」、「ササニシキ」、「トヨ

ニシキ」、「キヨニシキ」、「チヨニシキ」、「キヌヒカリ」、「ヤマヒカリ」は表示性が高い名前として定着していると考えられるが、近年では、「夢の華」、「天使の詩」、「白雪姫」、「森のくまさん」、「にこまる」、「ほしたろう」といった表現性の高いイメージと組み合わされているものもある。このなかには、米の名前の表示性を変えていくものもあるかもしれない。

14.3　ネーミングとオノマトペ・言葉遊び

　第12章で扱ったオノマトペ、第13章で扱った言葉遊びもネーミングでは活躍する。オノマトペを用いたネーミングとして印象的なのは、アイスキャンディーの「ガリガリ君」であろう。アイスキャンディを食べるときの擬音語からの直接的なネーミングであるが、飲食を描写するオノマトペにはことかかないので、食べ物に関わる商品名にはこのようなネーミングが多い。以下、目についたものをあげておく。

（2）a.　じゅわっと LEMON（炭酸飲料）
　　　b.　ぷるるんゼリー
　　　c.　ぴりっと（山椒焼酎）
　　　d.　じっくりコトコト（インスタントスープ）
　　　e.　きりり（オレンジジュース）

　食感・触感を表す(2a–c)のようなものだけでなく、煮込む様子を表す「コトコト」や引き締まっているさまを表す「きりり」など多様なオノマトペが使われている。購買者に印象的なネーミングとして他にどのような商品ジャンルでオノマトペネーミングが使われているか考えてみよう。

（3）a.　通勤快足
　　　b.　キットカット

c. DAKARA
　　d. EZAK

　(3a)は語呂合わせネーミング、(3b)は同音を繰り返す韻踏みネーミング、(3c)は KARADA からのアナグラムネーミングで、これらは前章で扱った。(3d)は KAZE(風邪)を逆さ読みにしたものである。言葉遊びネーミングを用いた商品はわれわれのまわりにあふれている。どのようなものがあるか探してみよう。

注
1　命名論における表示性・表現性という概念は、吉村公宏『認知意味論の方法』(1995年、人文書院)による。

【タスク】
A. 和食店の名前として、どのようなものが表示性が高く、どのようなものが表現性が高いか考えてみよう。

B. 言葉遊び・オノマトペを使って次の商品の新製品の名前を考えてみよう。
　・ホッチキス
　・はちみつ入りレモンドリンク
　・携帯カイロ

C. あるジャンルの商品の名前を100以上集め、どのような名前が表示性が高く、どのような名前が表現性が高いか、また表現性が高い名前に使われているレトリックは何か考えてみよう。

レトリック感覚を身につけるための 10 冊

　本書を通じて、レトリックのエクササイズは十分行われただろうか。まだまだ学び足りないという方に向けて、参考となる書物を紹介する。太字で示した 10 冊は、網羅的・教科書的なものや専門家向けの研究書ではなく、気楽に手に取っていただける書物ばかりである。しっかり読んでいただけるとみなさんのレトリック感覚がより研ぎ澄まされていくことを保証する。それぞれに関連して入門書や研究書にも言及したので、関心のある方は手にとってほしい。ここにあげた書物には現在版元で品切れとなっているものもあるが、それらを読むためには、是非、図書館に足を運んでいただきたく思う。

●佐藤信夫『レトリック感覚』(1992 年、講談社学術文庫)
●佐藤信夫『レトリック認識』(1992 年、講談社学術文庫)
　佐藤信夫氏はレトリックは装飾品であると同時に実用品でもあり、また、単なる言語技巧というにとどまらずわれわれの認識のための重要な道具であるという観点から、さまざまなレトリックについて語り尽くした研究者である。本書『学びのエクササイズ　レトリック』ではその考え方を受け継ぎ、そのエッセンスを提示したつもりである。このような発想からのレトリック論をさらに学びたい方は佐藤氏の上記二書にじっくりと取り組んでほしい。きわめてわかりやすく書かれているが、内容は高度で本文の文章自体に多彩なレトリックが駆使されている。

●滝浦真人『お喋りな言葉』(2000 年、小学館)
　広告・詩・和歌・子どもの言葉・マンガなどさまざまな素材を駆使して人

間のコミュニケーションの多様なあり方を論じたもの。レトリックという観点から読んでみてもとても面白く、考えるヒントが満載されている。本書でもとりあげた宮沢賢治のオノマトペについても「ずらされたオノマトペ」「創られたオノマトペ」という観点から分析されており参考になる。なお、宮沢賢治のオノマトペを体系的にわかりやすく解説したものとしては、田守育啓『賢治オノマトペの謎を解く』(2010年、大修館書店)があり、オノマトペの多様な側面を豊富な題材とともに紹介しているものとしては小野正弘『オノマトペがあるから日本語は楽しい』(2009年、平凡社新書)がある。

●香西秀信『議論術速成法─新しいトピカ』(2000年、ちくま新書)

　本書第11章でとりあげた弁論術、なかでもアリストテレスのトポス(論法)について、批判的に論じながらもその現代的な意義を見事に再構成している。自分の「議論的」気質を知った上で、それにあったトポスをいかに身につけていくかがわかりやすく説明され、読み物としても面白いが実践的にも役に立つことうけあいである。香西氏の著書はどれも面白いが、もう一冊、「危険で、狡猾で、邪悪な闇の修辞学史」というおどろおどろしい帯にひかれて読んだ『論争と「詭弁」』(1997年、丸善ライブラリー)がとりわけ印象的であった。なお、レトリックの弁論術的な側面と修辞学的側面を手際よくまとめた入門書としては野内良三『レトリック入門　修辞と論証』(2002年、世界思想社)、柳澤浩哉・香西秀信・中村敦雄『レトリック探究法』(2004年、朝倉書店)、菅野盾樹編『レトリック論を学ぶ人のために』(2007年、世界思想社)が有用である。

●半沢幹一『向田邦子の比喩トランプ』(2011年、新典社新書)

　向田邦子の連作短編集『思い出トランプ』を比喩をもとに読み解いたもの。1つの作品に如何に豊潤に比喩が用いられているか、また、それを作品の読み解きにどのように利用したらよいのかがよくわかる。それぞれの短編のタイトルを比喩の観点から扱った部分も参考になる。なお、タイトルにつ

いて興味がある方は佐々木健一『タイトルの魔力』(2001年、中公新書)もおすすめ。半沢氏とはまた異なったアプローチなので両者をあわせて読むと発見がある。さまざまの文学者のレトリックと文体の関わりを扱ったものとしては中村明『日本語の文体―文学作品の表現をめぐって』(1993年、岩波セミナーブックス)がスタンダードな入門書である。

●岩永嘉弘『すべてはネーミング』(2002年、光文社新書)
　本書第14章でも言及したコピーライターによるネーミング論の書。プロはどのように考えて商品のネーミングを行っているのか、その発想を日常の言語活動にどのように取り入れていったらよいのか、豊富な実例をもとに解説したもの。一冊に凝縮した内容が詰まっておりとても読みごたえのある本である。最近のブランド名などのネーミングの傾向を学ぶ上では横井恵子『ネーミング発想法』(2002年、日経文庫)もあるが、こちらは読み物というより技術書として有用である。

●尼ヶ崎彬『日本のレトリック』(1994年、ちくま学芸文庫)
　「仕立て」「見立て」「姿」「対句」「寄物陳思」「掛詞」「縁語」「本歌取り」という八つの日本的なレトリックについて日本古典文学を中心に論じたもの。日本古典文学の伝統的な発想と美学や言語学の現代的な理論が組み合わされた繊細な織物といった印象の書物である。文章は平明であるが、高度な内容を咀嚼するためには時間をかけて読み解く必要があり、それに十分値する。
　なお、和歌のレトリックの解説としては、小林幸夫・品田悦一・鈴木健一・高田祐彦・錦仁・渡部泰明『【うた】をよむ　三十一字の詩学』(1997年、三省堂)がわかりやすい。日本古典の散文作品のレトリックとしては、比喩を中心としたものであるが、山口仲美『平安文学の文体の研究』(1984年、明治書院)、河添房江『源氏物語表現史―喩と王権の位相』(1998年、翰林書房)、多門靖容『比喩表現論』(2006年、風間書房)といった重厚な研究

文献がある。卒業論文などでこのジャンルに取り組む方はチャレンジしてほしい。

● ジョージ・レイコフ＆マーク・ジョンソン『レトリックと人生』(渡部昇一・楠瀬淳三訳、1986年、大修館書店)

本書第4章でとりあげた「概念メタファー」の提唱者による解説書。われわれの思考が、メタファーによって支えられている部分がいかに多いかを縦横に論じている。なお、原著 *Metaphors We Live by* (1980年、University of Chicago Press)は、その後の研究の進展を付け加えた第2版が2003年に刊行されている。

メタファーについて、日本語を題材にして高度な内容をわかりやすく説明した解説書としては、山梨正明『比喩と理解』(新装版2007年、東京大学出版会)、籾山洋介『日本語は人間をどう見ているか』(2006年、研究社)がある。最近の研究動向を知る上では、楠見孝編『メタファー研究の最前線』(2007年、ひつじ書房)、鍋島弘治朗『日本語のメタファー』(2011年、くろしお出版)が重要。

● 瀬戸賢一編『ことばは味を超える─美味しい表現の探求』(2003年、海鳴社)

「味ことば」という興味深い題材に取り組んだユニークな書物。多種多様な「味ことば」の供給源として、メタファー・シミリー・メトニミー・シネクドキーといった比喩やオノマトペがいかに豊富に使われているか論証している。個々の具体例がとても面白く、このような表現があったのかと読んでいて膝を打つことも多い。繊細な日本語感覚を身につける上でとても役に立つ書である。

瀬戸氏には『認識のレトリック』(1997年、海鳴社)など、現代言語学の観点からのレトリックの研究書もあり、とりわけそのメトニミー論は重要である。また、『日本語のレトリック』(2002年、岩波ジュニア新書)は高校生に

とってもわかりやすく書かれた入門書である。

●池上嘉彦『ふしぎなことば　ことばのふしぎ』(1987 年、ちくまプリマーブックス)
　主に小学校高学年から中学生を読者として想定し、オノマトペ・比喩・パロディなど本書でとりあげた項目について親しみやすい例とともにきわめてわかりやすく説明されている。大学生以上の年齢のものにとっても興味深く読めると思う。詩の言葉と子どもの言葉の連続性を説いた第 2 部では、レトリカルな表現を題材にして原理的な考察がなされており、新鮮なものの見方に触れることができる。『ことばの詩学』(1992 年、岩波書店同時代ライブラリー)、『詩学と文化記号論』(1992 年、講談社学術文庫)において展開されている池上詩学へのイントロダクションとしても最適な一冊である。

参考文献

岩淵悦太郎編著(1989)『第三版　悪文』日本評論社
岡本真一郎(2005)「あいまい表現」多門靖容・半沢幹一編『ケーススタディ
　　日本語の表現』おうふう
岡本真一郎(2005)「皮肉表現」多門靖容・半沢幹一編『ケーススタディ
　　日本語の表現』おうふう
河上誓作(1993)「発話行為とアイロニー」『英語青年』139(5)
国広哲弥(1985)「認知と言語表現」『言語研究』88
国広哲弥(1991)『日本語誤用・慣用小辞典』講談社現代新書
国立国語研究所(1977)『比喩表現の理論と分類』秀英出版
坂原茂(2002)「トートロジとカテゴリ化のダイナミズム」大堀壽夫編『認
　　知言語学 II：カテゴリー化』東京大学出版会
佐藤信夫・佐々木健一・松尾大(2006)『レトリック事典』大修館書店
水藤新子(2005)「幸田文の文体―「感覚性」を支える文構成」中村明他編
　　『表現と文体』明治書院
廣瀬幸生・長谷川葉子(2010)『日本語から見た日本人』開拓社
森雄一(2010)「「AはBの王様」形式について」『成蹊國文』43
吉村公宏(1995)『認知意味論の方法』人文書院
渡部泰明(2009)『和歌とは何か』岩波新書

例文出典(本文はなるべく入手しやすいものに拠った)
芥川龍之介「芋粥」『羅生門・鼻』新潮文庫
井上靖「比良のシャクナゲ」『井上靖全集　第2巻』新潮社

内田百閒「百鬼園日暦」『新輯内田百閒全集　第4巻』福武書店
梅崎春生「崖」『梅崎春生全集　第1巻』新潮社
小川洋子『博士が愛した数式』新潮文庫
小野田博一『正論なのに説得力のない人　ムチャクチャでも絶対に議論に勝つ人―正々堂々の詭弁術』日本実業出版社
川端康成『雪国』新潮文庫
川端康成『千羽鶴』新潮文庫
川端康成「温泉宿」『伊豆の踊子・温泉宿　他四編』岩波文庫
久保田正文編『新編　啄木歌集』岩波文庫
桑原茂夫『ことば遊び百科』筑摩書房
幸田文「黒い裾」『黒い裾』講談社文芸文庫
佐藤良明『J－POP進化論』平凡社新書
沢木耕太郎『凍』新潮文庫
志賀直哉「小僧の神様」『小僧の神様　他十編』岩波文庫
柴田元幸『生半可な學者』白水社
清水義範「永遠のジャック＆ベティ」『翼よ、あれは何の灯だ―清水義範パスティーシュ100 六の巻』ちくま文庫
清水義範『騙し絵日本国憲法』集英社文庫
清水義範「いわゆるひとつのトータル的な長嶋節」玉木正之編『定本長嶋茂雄』文春文庫
高島俊男『本が好き、悪口言うのはもっと好き』文春文庫
太宰治「狂言の神」『二十世紀旗手』新潮文庫
太宰治「道化の華」『晩年』新潮文庫
谷川俊太郎『ことばあそびうた』福音館書店
俵万智『チョコレート革命』河出書房新社
中村草田男『銀河依然』みすず書房
夏目漱石『虞美人草』新潮文庫
萩原朔太郎「こころ」三好達治選『萩原朔太郎詩集』岩波文庫

羽生善治・松原仁・伊藤毅志『先を読む頭脳』新潮文庫
保坂和志『季節の記憶』中公文庫
堀辰雄「眠れる人」『堀辰雄全集　第1巻』筑摩書房
水村美苗『本格小説(上)』新潮文庫
宮沢賢治「銀河鉄道の夜」『宮沢賢治全集7』ちくま文庫
宮沢賢治「やまなし」『宮沢賢治全集8』ちくま文庫
村上春樹『1Q84　BOOK1』　新潮社
吉野弘「争う」『吉野弘全詩集』青土社
アリストテレス『弁論術』(戸塚七郎訳)岩波文庫
レーモン・クノー『文体練習』(朝比奈弘治訳)朝日出版社

索引

あ

アイロニー　57
悪文のレトリック価値　49
アクロスティック　84
アナグラム　85
アナグラムネーミング　93
アリストテレス　11, 67, 68
暗示引用　64
暗示的看過法　43

い

石川啄木　75
伊勢物語　84
一人称代名詞　44
イメージ群　11
イメージネーミング　91
韻踏みネーミング　93
隠喩　21
引喩　64

お

オクシモロン　34
オノマトペ　75, 92
オノマトペネーミング　92
オノマトペの語形　76
折句　84

か

概念メタファー　22, 23
隠し型のアイロニー　58
掛詞　82
川端康成　11
緩叙法　35
間接的な表現　55
換喩　27

き

偽悪型のアイロニー　60
擬音語　75
擬態語　75
帰納　69
詭弁　70
教科書英語的日本語　46

く

区別型トートロジー　34

け

言語遊戯　62

こ

攻撃型のアイロニー　59
幸田文　53
後部省略　43
『古今和歌集』　29
誇張法　36
言葉遊び　81, 92
ことわざ　13

語尾音付加　64
語呂合わせ　82
語呂合わせネーミング　93

さ

佐藤信夫　35, 41

し

『詩学』　67
色彩語　4
地口　81
視点　35
自同表現　33
シネクドキー　24
清水義範　62
シミリー　21
しゃれ　81
周辺型トートロジー　34
字喩　86
修辞性　30
上位カテゴリーと下位カテゴリー　24
剰語的反復　44
冗語法　44
省略　42
ジョージ・レイコフ　22
尻取り　85
『新古今和歌集』　65

せ

声喩　75
説得推論のトポス(論点)　68
前部省略　43

た

代換表現　52
対義結合　34
対比ことわざ　15
谷川俊太郎　82
ためらい　42
俵万智　10

ち

中間部省略　43
直喩　21

て

提喩　24

と

同音反復　83
トートロジー　33
とか弁　57
頓阿法師　84

な

夏目漱石　71

は

萩原朔太郎　10
パスティシュ　62
パロディ　62

ひ

皮肉　59

比喩　21, 24, 27
品詞の転換　51

ふ

不整合構文　51
物主構文　53
文法的逸脱　51

へ

弁論術　67
『弁論術』　67, 68

ほ

ぼかし言葉　56
本歌取り　65

ま

マーク・ジョンソン　22
『万葉集』　65

み

宮沢賢治　9, 78

む

無用ことわざ　15

め

命名における表現性　89
命名における表示性　89
メタファー　21
メトニミー　27, 52

も

黙説　42
文字遊び　86
模擬　61

よ

吉田兼好　84

る

類をなすことわざ　15
類音接近　81
類義累積　47
類と種　24

れ

列叙法　37

【著者紹介】

森 雄一（もり　ゆういち）
成蹊大学長、成蹊大学文学部教授
専門　認知言語学・日本語学・レトリック論
共編著：『ことばのダイナミズム』(2008　くろしお出版)、『認知言語学　基礎から最前線へ』(2013　くろしお出版)、『認知言語学とは何か　あの先生に聞いてみよう』(2018　くろしお出版)
主な論文：「悪文のレトリック」(『表現研究』90、2009)、「認知言語学と日本語」(共著、『日本語学』28 (4)、2009)、「明示的提喩・換喩形式をめぐって」(『認知言語学論考』2、2003)

学びのエクササイズ
レトリック

Learn and Exercise Series
Rhetoric
Mori Yuichi

発行	2012 年 9 月 7 日　初版 1 刷
	2024 年 4 月 9 日　　　　4 刷
定価	1400 円＋税
著者	ⓒ 森雄一
本文イラスト	ヒライタカコ
発行者	松本功
装丁	吉岡透（ae）
印刷・製本所	三美印刷株式会社
発行所	株式会社 ひつじ書房
	〒 112-0011 東京都文京区千石 2-1-2 大和ビル 2F
	Tel.03-5319-4916　Fax.03-5319-4917
	郵便振替 00120-8-142852
	toiawase@hituzi.co.jp　https://www.hituzi.co.jp/

ISBN978-4-89476-600-6　C1080

造本には充分注意しておりますが、落丁・乱丁などがございましたら、小社かお買上げ書店にておとりかえいたします。ご意見、ご感想など、小社までお寄せ下されば幸いです。